JN431756

나도 성경을 마음에 새길 수 있다

이지은

갑자기 교회에 가기 싫다는 큰 아이에게 성경을 체계적으로 가르치기 위해 시작한 성경 과외가 지금의 '청소년 · 학부모 바이블 캠프'가 되었습니다. 청운교회, 사랑의 교회, 남서울 교회 등에서 바이블 캠프를 주관하면서 아이들에게 말씀에 대한 갈망이 있다는 것을 체험하였고 이에 아이들에게 성경을 가르치는 것이 저자의 소명임을 확신하였습니다.
저자는 방학마다 바이블 캠프를 주최하면서 구약 16시간, 신약 13시간을 강의하고 있으며, 그동안 강의했던 모든 내용과 자료를 정리하여 『나도 성경을 가르칠 수 있다』를 출간하였습니다. 백석신학대학원 M. Div. 과정에 있는 저자는 〈다음 세대를 말씀으로 세우는 모임〉의 대표, 청소년 성경 티칭법 강의, 청소년 · 학부모 바이블 캠프 주관 등 성경교육을 위한 청소년 사역에 매진하고 있습니다.

나도 성경을 마음에 새길 수 있다 | 구약편 하 |

초판 1쇄 인쇄 | 2010년 8월 20일
초판 1쇄 발행 | 2010년 8월 25일

지은이 | 이지은
펴낸이 | 김호석
펴낸곳 | 도서출판 대가
등 록 | 제 311-47호
주 소 | 서울시 마포구 상수동 6-1 대한실업빌딩 301호
전 화 | (02) 305-0210 / 306-0210
팩 스 | (02) 305-0224
전자우편 | dga1023@hamnail.net
홈페이지 | www.bookdaega.com

디 자 인 | 씨오디
일러스트 | 이수종
사진제공 | 장인수 박사(Ph.D, D.Min) / 성지연구소장

© 2010, 이지은

정가 4,500
ISBN 978-89-6285-049-9 43230

이 책에 수록된 글과 도판을 포함한 모든 내용은 저작권자와 협의 없이 무단전재와 복제를 금합니다.
파손 및 잘못 만들어진 책은 교환해 드립니다.

바이블하우스는 도서출판 대가의 임프린트입니다.

| 구약편 하 |

나도 성경을 마음에 새길 수 있다

이지은 지음

바이블하우스

일러두기

이 책은 역사적인 관점에 초점을 맞추어 구약 39권 중 역사서를 중심으로 서술한『나도 성경을 가르칠 수 있다』의 학생용 교재로서, 가정이나 교회에서『나도 성경을 가르칠 수 있다』로 강의하는 학부모 또는 사역자들이 학생들과 함께 공부할 때 활용할 수 있게 구성하였습니다.

이 책은 구약의 역사적 사건을 예화나 도덕적 교훈, 적용 중심이 아닌 그 당시 하나님과 하나님 백성들 간에 일어났던 객관적인 사실만으로 서술하여 일차적으로는 당시의 사건을 알고 이해할 수 있도록 하였으며 나아가 자연스럽게 구약의 역사와 오늘날 나와의 연관성을 알게 함으로써 하나님 앞에 나는 어떤 존재인지 스스로 깨닫게 하는 데 그 목적이 있습니다. 따라서 학생들이『나도 성경을 가르칠 수 있다』의 강의만 듣고 끝내는 것이 아니라 강의를 통해 들었던 구약의 말씀과 내용을 각자 다시 한 번 생각해 보고 질문에 답하는 시간을 갖게 함으로써 스스로 결론에 도달할 수 있도록 하였습니다.

이 책은 체계적인 성경 공부에 도움이 될 뿐만 아니라 학생들과의 성경적 커뮤니케이션의 통로로도 활용될 수 있을 것입니다. 특히 각 질문의 내용이 서로 연결되어 있어 앞의 질문과 다음 질문을 유기적으로 살피면서 질문에 답하다 보면 구약 전체의 윤곽과 의미가 하나의 그림으로 그려지게 될 것이며 작은 말씀의 씨가 마음에 심어져 결국 말씀을 '마음에 새길 수' 있게 될 것입니다.

이 책의 특징은 다음과 같습니다.

1. 역사적 관점으로 서술하였습니다.

구약 창세기부터 말라기까지, 마치 우리가 고구려, 백제, 신라의 국사를 공부하듯, 하나님 백성들의 영적인 역사인 구약을 역사적 관점으로 공부함으로써 성경이 객관적인 사실임을 알 수 있도록 하였습니다.

2. 모든 내용은 질문으로 구성하였습니다.

각 질문을 통해 다시 한 번 말씀을 기억하고, 스스로 결론에 도달할 수 있도록 안내하고 있습니다.
특히 각 질문은 그 내용이 서로 연결되어 있으므로 앞의 질문과 연관시켜 다음 질문을 생각하여야 하며, 이를 위해 각 질문에 해당되는 성경구절을 표기하였습니다.

3. 다양하고 많은 자료를 활용하였습니다.

구약 역사의 현장을 보여주기 위해 많은 사진을 사용하였고, 구약에 등장했던 인물들의 삶을 공감하고 이해할 수 있도록 다양한 삽화를 사용하였으며, 구약의 역사를 입체적이고 실제적으로 따라올 수 있도록 지도를 사용하여 설명하였습니다.

2010년 8월

이지은

차 례

여호수아

사사기, 룻기

사무엘상 · 하

열왕기상 · 하

역대상 · 하, 에스라, 느헤미야

여호수아는 크게 두 부분으로 나뉩니다.
여호수아 1장부터 12장까지는 가나안 땅의 정복에 대한 역사입니다.
여호수아 13장부터 21장까지는 정복한 땅의 분배에 대한 역사입니다.
여호수아에서는 가나안 땅의 정복전쟁과 정복한 땅의 분배에 대해서 공부합니다.

여호수아

Q 여호수아 전과 여호수아 후?

1 아브라함부터 여호수아와 광야 2세대가 가나안 땅에 들어가기 전까지 하나님은 왜 이스라엘 백성들을 여기까지 이끌어 오셨나요?

그 날에 여호와께서 아브람과 더불어 언약을 세워 이르시되 내가 이 땅을 애굽 강에서부터 그 큰 강 유브라데까지 네 자손에게 주노니 곧 겐 족속과 그니스 족속과 갓몬 족속과 헷 족속과 브리스 족속과 르바 족속과 아모리 족속과 가나안 족속과 기르가스 족속과 여부스 족속의 땅이니라 하셨더라 (창15:18~21)

곧 광야와 이 레바논에서부터 큰 강 곧 유브라데 강까지 헷 족속의 온 땅과 또 해 지는 쪽 대해까지 너희의 영토가 되리라 (수1:4)

(창22:17), (수1:2)

2 여호수아 후, 이제부터 이스라엘을 통해 하나님께서는 무엇을 하실 계획인가요? 앞으로 펼쳐질 이스라엘 역사를 통해 우리는 무엇을 보아야 하나요?

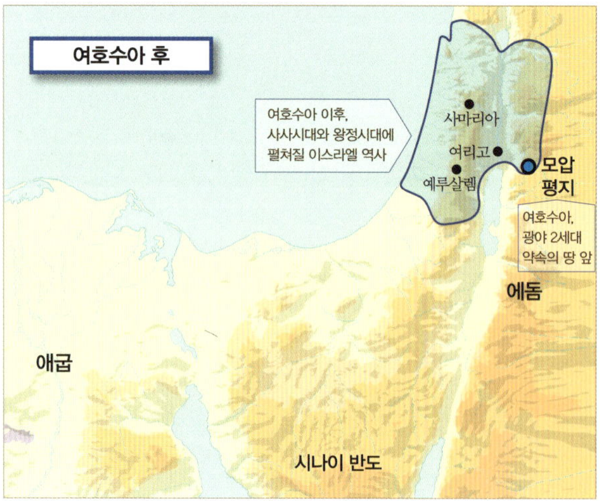

너를 축복하는 자에게는 내가 복을 내리고 너를 저주하는 자에게는 내가 저주하리니 땅의 모든 족속이 너로 말미암아 복을 얻을 것이라 하신지라 (창12:3)

Q 가나안 정복전쟁, 누가 싸우셨는가?

1 하나님 나라를 이루어 가는 데 모세와 여호수아께서는 어떤 역할을 했나요?

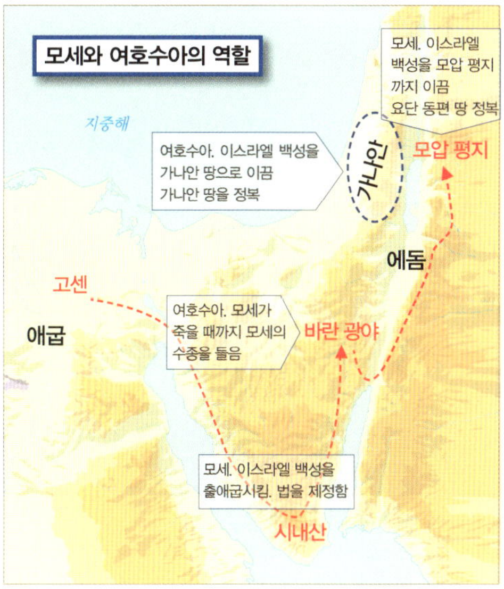

이제 내가 너를 바로에게 보내어 너에게 내 백성 이스라엘 자손을 애굽에서 인도하여 내게 하리라 (출3 : 10)

내 종 모세가 죽었으니 이제 너는 이 모든 백성과 더불어 일어나 이 요단을 건너 내가 그들 곧 이스라엘 자손에게 주는 그 땅으로 가라 (수1 : 2)

(민27 : 22,23), (신34 : 5), (수11 : 15)

2 에브라임 지파 땅이 어떻게 사사시대 중심 지역이 되었나요?

실로

길갈

첫째 달 십일에 백성이 요단에서 올라와 여리고 동쪽 경계 길갈에 진 치매 (수4 : 19), (수18 : 1)

3 여호수아와 광야 2세대들은 어떤 자세로 가나안 족속들과 싸웠나요?

그 때에 내가 여호수아에게 명령하여 이르기를 너희의 하나님 여호와께서 이 두 왕에게 행하신 모든 일을 네 눈으로 보았거니와 네가 가는 모든 나라에도 여호와께서 이와 같이 행하시리니 너희는 그들을 두려워하지 말라 너희의 하나님 여호와께서 친히 너희를 위하여 싸우시리라 하였노라 (신3 : 21,22), (출12 : 41), (수10 : 42), (시18 : 29)

Q 여리고성 싸움, 왜 모든 것을 다 죽이라고 하셨을까?

1 하나님께서는 여리고성 싸움으로 가나안 정복전쟁을 시작하셨습니다. 하나님께서 어떤 명령을 하셨나요?

◀ 여리고에 있는 돌로 쌓은 탑 (화살표는 계단입구)

그 성 안에 있는 모든 것을 온전히 바치되 남녀 노소와 소와 양과 나귀를 칼날로 멸하니라 (수6:21)

오직 네 하나님 여호와께서 네게 기업으로 주시는 이 민족들의 성읍에서는 호흡 있는 자를 하나도 살리지 말지니 (신20:16)

2 가나안 일곱 족속은 어떤 종교와 사상을 가지고 있었나요?

바알상

하맛 족속을 낳았더니 이 후로 가나안 자손의 족속이 흩어져 나아갔더라 가나안의 경계는 시돈에서부터 그랄을 지나 가사까지와 소돔과 고모라와 아드마와 스보임을 지나 라사까지였더라 (창10:18,19), (레18:24,25)

3 왜 여리고성 안에 있는 것을 모두 죽이라고 명령하셨나요?

이는 그들이 그 신들에게 행하는 모든 가증한 일을 너희에게 가르쳐 본받게 하여 너희가 너희의 하나님 여호와께 범죄하게 할까 함이니라 (신20:18), (창15:16), (창12:3), (창15:18~21), (출19:6)

Q 약속의 땅을 어떻게 점령했는가?

1 중앙 쪽 전쟁 중 아이성 싸움에서 왜 많은 이스라엘 백성들이 죽게 되었나요?

◀ 아이성의 폐허

여호와께서 여호수아에게 이르시되 네 손에 잡은 단창을 들어 아이를 가리키라 내가 이 성읍을 네 손에 주리라 여호와께서 여호수아에게 이르시되 네 손에 잡은 단창을 들어 아이를 가리키라 내가 이 성읍을 네 손에 넘겨 주리라 (수8:18)

2 어떤 계기로 남쪽 전쟁이 일어났나요? 누구와 전쟁을 해서 남쪽 땅을 차지하게 되었나요?

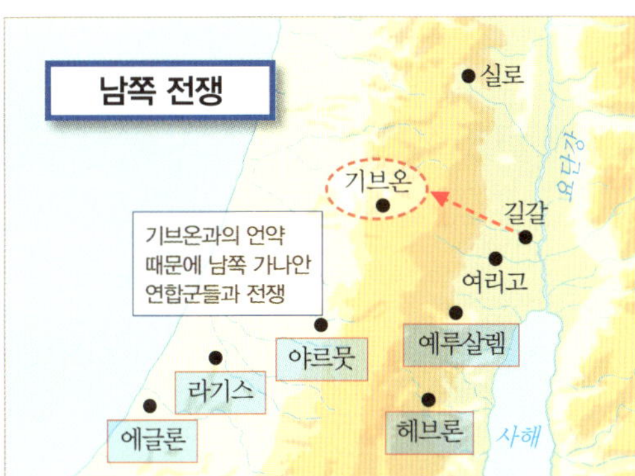

기브온 주민들이 여호수아가 여리고와 아이에 행한 일을 듣고 (수9:3)
이와 같이 여호수아가 그 온 땅 곧 산지와 네겝과 평지와 경사지와 그 모든 왕을 쳐서 하나도 남기지 아니하고 호흡이 있는 모든 자는 다 진멸하여 바쳤으니 이스라엘의 하나님 여호와께서 명령하신 것과 같았더라 (수10:40)
(수9:9,10), (수9:15), (수10:42)

3 북쪽 땅은 누구와 싸워서 차지하게 되었나요? 어떻게 오랜 시간이 걸리지 않고 몇 번의 전쟁을 통해 가나안 땅을 차지할 수 있었나요?

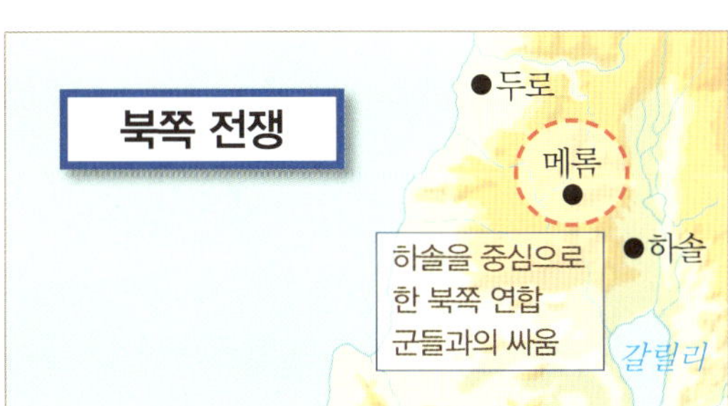

하솔의 폐허

하솔은 본래 그 모든 나라의 머리였더니 그 때에 여호수아가 돌아와서 하솔을 취하고 그 왕을 칼날로 쳐죽이고 (수11:10)

이스라엘 백성들은 가나안 땅을 완전히 정복했을까?

1 정복전쟁을 마친 후에 어떻게 땅을 분배했나요?

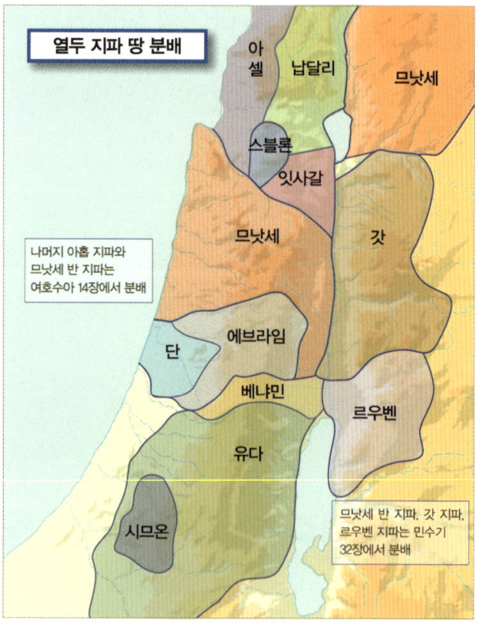

여호와께서 모세에게 명령하신 대로 그들의 기업을 제비 뽑아 아홉 지파와 반 지파에게 주었으니 (수14 : 2), (민33 : 54), (수14 : 1)

2 왜 레위 지파에게는 땅을 주지 않고 성읍을 주어 흩어져서 살게 하셨나요?

도피성

레위성읍

레위 사람들이 이스라엘 자손의 기업 중에서 받은 성읍은 모두 마흔여덟 성읍이요 또 그 목초지들이라 이 각 성읍의 주위에 목초지가 있었고 모든 성읍이 다 그러하였더라 (수21 : 41,42), (민8 : 14)

3 하나님께서 아브라함에게 약속하신 땅을 이스라엘 백성들은 완전히 차지했나요?

그러나 므낫세 자손이 그 성읍들의 주민을 쫓아내지 못하매 가나안 족속이 결심하고 그 땅에 거주하였더니 이스라엘 자손이 강성한 후에야 가나안 족속에게 노역을 시켰고 다 쫓아내지 아니하였더라 (수17 : 12,13), (수15 : 63), (수16 : 10)

Q 여호수아, 갈렙, 광야 2세대, 무엇이 가나안 정복전쟁을 감당할 수 있게 했는가?

1 **무엇이 여호수아로 하여금 애굽에서부터 가나안 정복까지 감당할 수 있게 했나요?**

만일 여호와를 섬기는 것이 너희에게 좋지 않게 보이거든 너희 조상들이 강 저쪽에서 섬기던 신들이든지 또는 너희가 거주하는 땅에 있는 아모리 족속의 신들이든지 너희가 섬길 자를 오늘 택하라 오직 나와 내 집은 여호와를 섬기겠노라 하니 (수24:15), (수11:15)

2 **무엇이 갈렙으로 하여금 정탐꾼 사건부터 헤브론 정복까지 감당할 수 있게 했나요?**

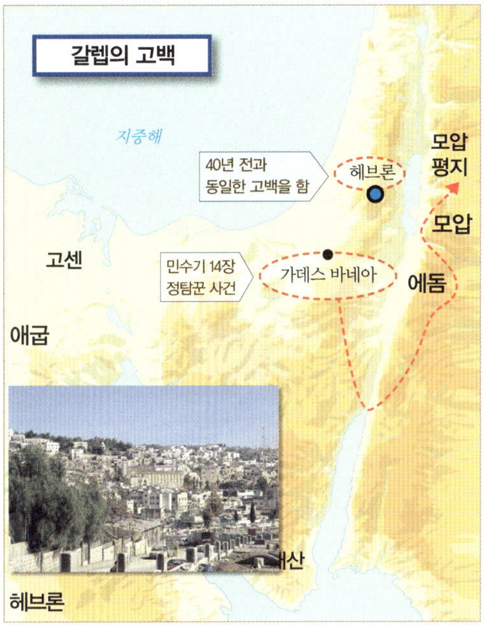

그 날에 여호와께서 말씀하신 이 산지를 지금 내게 주소서 당신도 그 날에 들으셨거니와 그 곳에는 아낙 사람이 있고 그 성읍들은 크고 견고할지라도 여호와께서 나와 함께 하시면 내가 여호와께서 말씀하신 대로 그들을 쫓아내리이다 하니 (수14:12), (수14:10, 11)

3 **무엇이 광야 2세대로 하여금 가나안 땅을 정복하고 여호수아와 같은 고백을 하게 했나요?**

백성이 대답하여 이르되 우리가 결단코 여호와를 버리고 다른 신들을 섬기기를 하지 아니하오리니 (수24:16), (수24:17,18), (수24:31)

사사기는 크게 세 부분으로 나뉩니다.
사사기 1장부터 2장까지는 사사기의 서론으로 사사시대의 원인에 대한 말씀입니다.
사사기 3장부터 16장까지는 열두 명의 사사들에 대한 말씀입니다.
사사기 17장부터 21장까지는 사사기를 대표하는 두 사건에 대한 말씀입니다.
사사기에서는 사사기 서론, 사사시대의 원인과 열두 명의 사사들과 사사시대의 대표적인 두 사건에 대해서 공부합니다.

룻기는 사사시대 한 가정에 있었던 일에 대한 말씀입니다.
룻기에서는 나오미 가정을 통해 사사시대의 상황을 공부하고,
룻기가 어떤 의의를 갖고 있는 말씀인지에 대해서 공부합니다.

사사기, 룻기

Q '제사장 나라'의 왕은 누구인가?

1 하나님께서는 약속의 땅을 정복한 이스라엘이 어떤 나라가 되기를 원하셨나요? 제사장 나라의 왕은 누구인가요?

너희가 내게 대하여 제사장 나라가 되며 거룩한 백성이 되리라 너는 이 말을 이스라엘 자손에게 전할지니라 (출19 : 6)

시내산 아래의 평원 (이스라엘 백성이 진을 친 곳)

2 지파별로 가나안 땅을 분배받은 후 이스라엘의 중심은 바뀌었나요?

너희의 종족을 따라 그 땅을 제비 뽑아 나눌 것이니 수가 많으면 많은 기업을 주고 적으면 적은 기업을 주되 각기 제비 뽑은 대로 그 소유가 될 것인즉 너희 조상의 지파를 따라 기업을 받을 것이니라 (민33 : 54), (수21 : 41)

3 왜 레위인들을 흩어져 살게 하셨나요?

레위 사람들이 이스라엘 자손의 기업 중에서 받은 성읍은 모두 마흔여덟 성읍이요 또 그 목초지들이라 (수21 : 41), (수21 : 2)

광야 2세대, 그 다음 세대들도 하나님을 알았는가?

1 **여호수아와 광야 2세대는 무엇 때문에 끝까지 하나님을 섬길 수 있었나요?**

백성이 여호수아가 사는 날 동안과 여호수아 뒤에 생존한 장로들 곧 여호와께서 이스라엘을 위하여 행하신 모든 큰 일을 본 자들이 사는 날 동안에 여호와를 섬겼더라 (삿2:7), (수24:31)

2 **광야 2세대의 다음 세대는 왜 하나님을 떠나 가나안의 종교와 문화에 빠지게 되었나요?**

그 세대의 사람도 다 그 조상들에게로 돌아갔고 그 후에 일어난 다른 세대는 여호와를 알지 못하며 여호와께서 이스라엘을 위하여 행하신 일도 알지 못하였더라 (삿2:10)

3 **그 결과 가나안 정착 세대들은 어떻게 되었나요?**

이스라엘 자손이 여호와의 목전에 악을 행하여 바알들을 섬기며 (삿2:11)
그들의 딸들을 맞아 아내로 삼으며 자기 딸들을 그들의 아들들에게 주고 또 그들의 신들을 섬겼더라 (삿3:6), (삿2:10)

Q 사사는 왜 등장했는가?

1 하나님께서는 범죄 한 이스라엘을 어떻게 징계하셨나요?

여호와께서 이스라엘에게 진노하사 노략하는 자의 손에 넘겨 주사 그들이 노략을 당하게 하시며 또 주위에 있는 모든 대적의 손에 팔아 넘기시매 그들이 다시는 대적을 당하지 못하였으며 (삿2:14), (삿2:13), (삿2:15), (민33:55,56), (신28:15)

2 왜 남겨진 가나안 사람들이 이스라엘을 괴롭히는 존재가 되었나요?

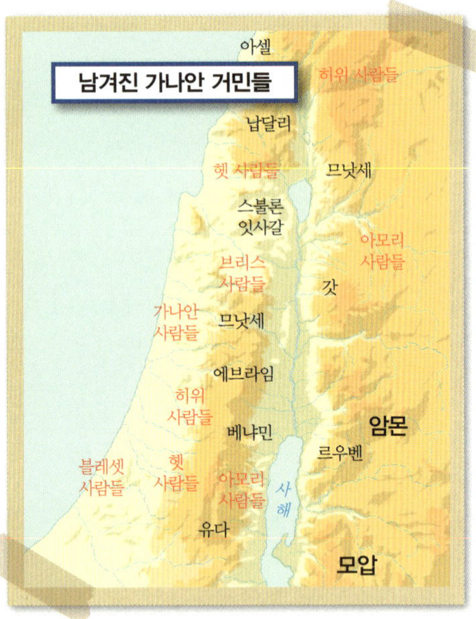

그러므로 이스라엘 자손은 가나안 족속과 헷 족속과 아모리 족속과 브리스 족속과 히위 족속과 여부스 족속 가운데에 거주하면서 (삿3:5), (삿1:19), (삿1:21), (삿1:28)

3 하나님 앞에 회개하는 이스라엘 백성들을 건져주시기 위해 누구를 보내주셨나요? 왜 사사가 계속 등장하게 되었나요?

그 사사가 죽은 후에는 그들이 돌이켜 그들의 조상들보다 더욱 타락하여 다른 신들을 따라 섬기며 그들에게 절하고 그들의 행위와 패역한 길을 그치지 아니하였으므로 (삿2:19), (삿3:8,9)

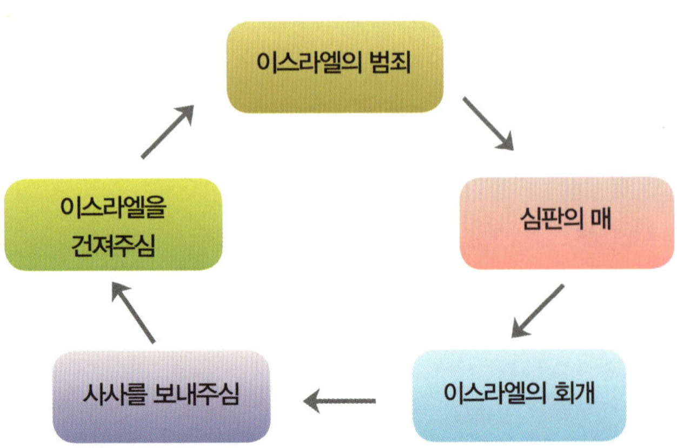

Q 왜 이스라엘은 하나님을 버리고 이방신을 섬겼을까?

1 이스라엘 백성들은 가나안 땅에 들어가 정착해 살면서 가나안 거민들의 어떤 것들을 부러워하였나요?

그들의 딸들을 맞아 아내로 삼으며 자기 딸들을 그들의 아들들에게 주고 또 그들의 신들을 섬겼더라 (삿3 : 6), (삿1 : 28), (삿6 : 2)

2 이스라엘 백성들은 무엇이 두려워서 하나님도 찾고 우상들도 찾게 되었나요?

아스다롯 (Ashtoreth)

가나안 우상 중에 하나이다.
여호수아가 죽은 후 이스라엘 백성들은 하나님을 떠나 우상을 섬겼는데, 그중 대표적인 우상이다.
모압에서 이 여신은 그모스의 배우자로, 풍요와 사랑의 여신으로 숭배되었다.

아세라 (Asherah)

고대 근동 지방에서 아모리족이나 가나안족이 숭배했던 여신에 대한 히브리어 명칭이다.
고대 우가릿 문서에 의하면 아세라는 엘의 배우자이다. 모신으로서 바알을 포함한 70신들의 어머니였다.

바알 (Baal)

가나안 및 수리아에서 섬겼던 남성 신으로 주 혹은 소유자라는 뜻이다. 땅의 생산력과 가축의 번식력을 주관하는 신으로 이스라엘 민족은 가나안 정착 초기부터 바알신앙의 영향을 받았다. 비와 풍요의 신으로 바알은 팔레스타인의 농경적인 환경에서 매우 중요한 신이었다.

다곤 (Dagon)

물고기, 곡식이라는 뜻으로 블레셋 사람들이 주로 섬기던 신의 이름이다. 풍요와 생산의 신으로 바알의 아버지로 알려졌다. 상반신은 사람, 하반신은 물고기의 모습을 하고 있다.

그모스 (Chemosh)

모압족속이 국가신으로 숭배한 전쟁의 신이다.
이 때문에 모압 사람들을 그모스의 백성이라고 불리기도 했다.
사사입다는 그모스를 암몬의 신으로 말했는데, 암몬 사람들도 그모스를 숭배했던 것으로 생각된다.
그모스에 대한 예배 중에는 인신제사가 있다.

이스라엘 자손이 여호와의 목전에 악을 행하여 자기들의 하나님 여호와를 잊어버리고 바알들과 아세라들을 섬긴지라 (삿3 : 7)

3 무엇 때문에 하나님, 에봇, 드라빔, 신상, 신당 등 온갖 우상들을 다 가지려고 했나요?

이에 미가가 이르되 레위인이 내 제사장이 되었으니 이제 여호와께서 내게 복 주실 줄을 아노라 하니라 (삿17 : 13), (삿17 : 4,5)

4 결국 이스라엘 백성들이 우상을 섬기게 된 진짜 이유는 무엇인가요?

(신28 : 1~6)

Q 기드온을 통해 보여주신 승리의 원리는?

1 기드온 당시 이스라엘 백성들은 어떻게 살아가고 있었나요? 영적으로는 어떤 상태였나요?

기드온이 그에게 대답하되 오 나의 주여 여호와께서 우리와 함께 계시면 어찌하여 이 모든 일이 우리에게 일어났나이까 또 우리 조상들이 일찍이 우리에게 이르기를 여호와께서 우리를 애굽에서 올라오게 하신 것이 아니냐 한 그 모든 이적이 어디 있나이까 이제 여호와께서 우리를 버리사 미디안의 손에 우리를 넘겨 주셨나이다 하니(삿6:13) (삿6:2), (삿6:4)

2 하나님께서는 수많은 미디안 군대와 싸울 하나님의 전사를 어떤 방법으로 선택하셨나요? 기드온과 300명 전사들의 무엇을 보셨나요?

하롯샘(기드온과 300 전사가 물을 마신 곳)

여호와께서 기드온에게 이르시되 내가 이 물을 핥아 먹은 삼백 명으로 너희를 구원하며 미디안을 네 손에 넘겨 주리니 남은 백성은 각각 자기의 처소로 돌아갈 것이니라 하시니 (삿7:7), (삿6:12), (삿7:3), (삿7:5)

3 하나님께서는 어떤 사람을 통해 수많은 미디안 군대를 한 사람 치듯 하시겠다고 하셨나요?

여호와께서 그에게 이르시되 내가 반드시 너와 함께 하리니 네가 미디안 사람 치기를 한 사람을 치듯 하리라 하시니라 (삿6:16), (사9:4)

Q 기드온과 300명의 여호와 전사의 무기는?

1 기드온과 300명의 전사들은 어떤 자세로 적진으로 뛰어들었나요?

삼백 명을 세 대로 나누어 각 손에 나팔과 빈 항아리를 들리고 항아리 안에는 횃불을 감추게 하고 (삿7 : 16), (삿7 : 12)

2 기드온과 300명의 전사들이 수많은 미디안 군대를 칠 수 있었던 진정한 무기는 무엇이었나요?

모레산

삼백 명이 나팔을 불 때에 여호와께서 그 온 진영에서 친구끼리 칼로 치게 하시므로 적군이 도망하여 스레라의 벧 싯다에 이르고 또 답밧에 가까운 아벨므홀라의 경계에 이르렀으며 (삿7 : 22), (삿7 : 25), (엡6 : 17)

3 하나님께서는 오늘날 우리에게 어떤 무기를 주셨나요? 하나님께서 주신 무기를 쓰기 위해서는 무엇을 해야 하나요?

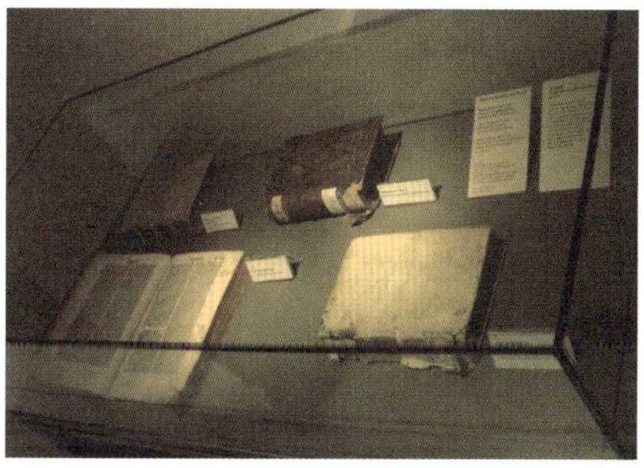

루터의 생가와 성경책

구원의 투구와 성령의 검 곧 하나님의 말씀을 가지라 (엡6 : 17)

근신하라 깨어라 너희 대적 마귀가 우는 사자 같이 두루 다니며 삼킬 자를 찾나니 (벧전5 : 8)

Q 하나님께서 삼손에게 맡기신 사명은?

1 삼손 당시 이스라엘은 누구에게 압제를 당하고 있는 상황이었나요?

이스라엘 자손이 다시 여호와의 목전에 악을 행하였으므로 여호와께서 그들을 사십 년 동안 블레셋 사람의 손에 넘겨 주시니라 (삿13:1)

2 삼손은 백성들이 원한 사사였나요, 하나님께서 원한 사사였나요? 지금까지의 사사들과는 무엇이 다른가요?

보라 네가 임신하여 아들을 낳으리니 그의 머리 위에 삭도를 대지 말라 이 아이는 태에서 나옴으로부터 하나님께 바쳐진 나실인이 됨이라 그가 블레셋 사람의 손에서 이스라엘을 구원하기 시작하리라 하시니 (삿13:5)

3 삼손은 왜 결혼이라는 방법을 통해 블레셋을 칠 수 밖에 없었나요?

그의 부모가 그에게 이르되 네 형제들의 딸들 중에나 내 백성 중에 어찌 여자가 없어서 네가 할례 받지 아니한 블레셋 사람에게 가서 아내를 맞으려 하느냐 하니 삼손이 그의 아버지에게 이르되 내가 그 여자를 좋아하오니 나를 위하여 그 여자를 데려오소서 하니라 그 때에 블레셋 사람이 이스라엘을 다스린 까닭에 삼손이 틈을 타서 블레셋 사람을 치려 함이었으나 그의 부모는 이 일이 여호와께로부터 나온 것인 줄은 알지 못하였더라 (삿14:3,4), (삿15:11,12)

4 이스라엘 백성들은 왜 삼손을 블레셋에게 고발하려고 했나요?

그들이 삼손에게 말하여 이르되 아니라 우리가 다만 너를 단단히 결박하여 그들의 손에 넘겨 줄 뿐이요 우리가 결단코 너를 죽이지 아니하리라 하고 새 밧줄 둘로 결박하고 바위 틈에서 그를 끌어내니라 (삿15:13), (삿13:5)

아스글론(가사)의 폐허. 딤나(블레셋) 여인과 결혼 후 수수께끼를 냈고, 아스글론에서 30명의 블레셋 사람들을 죽임

Q 왜 삼손이 위대한 신앙인인가?

1 삼손은 무엇 때문에 하나님께서 주신 은사를 잃어버리게 되었나요?

삼손이 진심을 드러내어 그에게 이르되 내 머리 위에는 삭도를 대지 아니하였나니 이는 내가 모태에서부터 하나님의 나실인이 되었음이라 만일 내 머리가 밀리면 내 힘이 내게서 떠나고 나는 약해져서 다른 사람과 같으리라 하니라 (삿16:17), (삿16:4), (삿16:21)

2 삼손은 어떻게 회복될 수 있었나요?

블레셋 사람들이 그를 붙잡아 그의 눈을 빼고 끌고 가사에 내려가 놋 줄로 매고 그에게 옥에서 맷돌을 돌리게 하였더라 (삿16:21)
그의 머리털이 밀린 후에 다시 자라기 시작하니라 (삿16:22)

3 삼손은 왜 하나님께 강한 힘을 구했나요? 왜 히브리서에서는 삼손을 위대한 신앙인이라고 말하고 있나요?

텔 카실 신전터 (블레셋 신전터)

삼손이 이르되 블레셋 사람과 함께 죽기를 원하노라 하고 힘을 다하여 몸을 굽히매 그 집이 곧 무너져 그 안에 있는 모든 방백들과 온 백성에게 덮이니 삼손이 죽을 때에 죽인 자가 살았을 때에 죽인 자보다 더욱 많았더라 (삿16:30)
내가 무슨 말을 더 하리요 기드온, 바락, 삼손, 입다, 다윗 및 사무엘과 선지자들의 일을 말하려면 내게 시간이 부족하리로다 (히11:32)
(삿16:23), (삿16:28)

Q 왜 사사기 끝에 두 사건이 등장하고 있는가?

1 사사기 끝에 등장하는 두 사건은 언제 일어난 일들인가요? 첫 번째 '미가 집안과 단 지파 사건'을 보고 알 수 있는 사사시대 이스라엘의 영적 상태는 어떠했나요?

이에 미가가 이르되 레위인이 내 제사장이 되었으니 이제 여호와께서 내게 복 주실 줄을 아노라 하니라 (삿17 : 13)
하나님의 집이 실로에 있을 동안에 미가가 만든 바 새긴 신상이 단 자손에게 있었더라 (삿18 : 31)

2 두 번째 '레위와 그의 첩 그리고 베냐민 지파의 비류들 사건'을 보고 알 수 있는 사사시대 이스라엘의 사회적 상태는 어떠했나요?

기브아

그들이 마음을 즐겁게 할 때에 그 성읍의 불량배들이 그 집을 에워싸고 문을 두들기며 집 주인 노인에게 말하여 이르되 네 집에 들어온 사람을 끌어내라 우리가 그와 관계하리라 하니 (삿19 : 22), (삿19 : 1), (레21 : 13~15)

3 두 번째 '레위와 그의 첩 그리고 지파 간의 싸움 사건'을 보고 알 수 있는 사사시대 이스라엘의 정치적 상태는 어떠했나요?

미스바

아론의 손자인 엘르아살의 아들 비느하스가 그 앞에 모시고 섰더라 이스라엘 자손들이 여쭈기를 우리가 다시 나아가 내 형제 베냐민 자손과 싸우리이까 말리이까 하니 여호와께서 이르시되 올라가라 내일은 내가 그를 네 손에 넘겨 주리라 하시는지라 (삿20 : 28)
(삿20 : 13,14)

Q 사사시대에 왕이 없었는가? 기준이 없었는가?

1 사사시대는 무엇 때문에 우상숭배와 죄악된 풍습 그리고 지파 간 분열에 빠지게 되었나요? 무엇 때문에 왕이 없는 것처럼 살았나요?

시내산의 일출

너희가 내게 대하여 제사장 나라가 되며 거룩한 백성이 되리라 너는 이 말을 이스라엘 자손에게 전할지니라 (출19:6)
그 때에 이스라엘에 왕이 없으므로 사람이 각기 자기의 소견에 옳은 대로 행하였더라 (삿21:25)

2 무엇 때문에 기준이 없는 것처럼 살았나요? 과연 사사시대는 하나님께서 원하시는 국가상이었나요?

모세가 온 이스라엘을 불러 그들에게 이르되 이스라엘아 오늘 내가 너희의 귀에 말하는 규례와 법도를 듣고 그것을 배우며 지켜 행하라 (신5:1), (삿21:25)

Q 모압 여인 룻은 왜 이스라엘에 오려고 했는가?

1 엘라멜렉의 가정은 왜 모압 땅으로 이사했을까요?

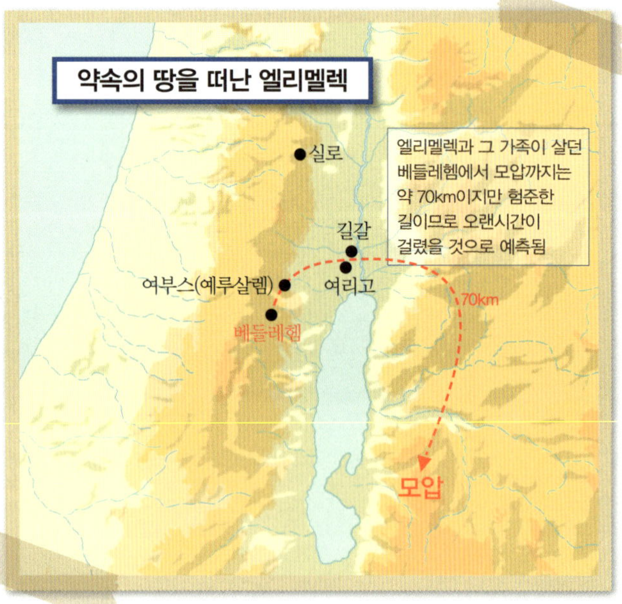

사사들이 치리하던 때에 그 땅에 흉년이 드니라 유다 베들레헴에 한 사람이 그의 아내와 두 아들을 데리고 모압 지방에 가서 거류하였는데 (룻1:1), (룻1:2), (신11:16,17)

2 결국 그들은 어떻게 되었나요? 나오미는 왜 고향으로 돌아갈 결심을 하게 되었나요?

그 여인이 모압 지방에서 여호와께서 자기 백성을 돌보시사 그들에게 양식을 주셨다 함을 듣고 이에 두 며느리와 함께 일어나 모압 지방에서 돌아오려 하여 (룻1:6)

3 룻은 왜 나오미를 따라 가나안 땅, 즉 이스라엘 백성에게로 들어가기로 결심하였나요?

룻이 이르되 내게 어머니를 떠나며 어머니를 따르지 말고 돌아가라 강권하지 마옵소서 어머니께서 가시는 곳에 나도 가고 어머니께서 머무시는 곳에서 나도 머물겠나이다 어머니의 백성이 나의 백성이 되고 어머니의 하나님이 나의 하나님이 되시리니 어머니께서 죽으시는 곳에서 나도 죽어 거기 묻힐 것이라 만일 내가 죽는 일 외에 어머니를 떠나면 여호와께서 내게 벌을 내리시고 더 내리시기를 원하나이다 하는지라 (룻1:16,17), (룻1:15)

Q 룻기는 '누구'를 가리키고 있는가?

1 **하나님께서는 왜 이방인들과 결혼하지 말라고 하셨나요? 보아스는 룻의 무엇을 보고 결혼하게 되었나요?**

보아스가 그에게 대답하여 이르되 네 남편이 죽은 후로 네가 시어머니에게 행한 모든 것과 네 부모와 고국을 떠나 전에 알지 못하던 백성에게로 온 일이 내게 분명히 알려졌느니라 (룻2:11)
이에 보아스가 룻을 맞이하여 아내로 삼고 그에게 들어갔더니 여호와께서 그에게 임신하게 하시므로 그가 아들을 낳은지라 (룻4:13) (마1:5)

2 **룻과 보아스를 통해 누가 등장하게 되었나요? 룻기는 어떤 의미를 담고 있는 책인가요?**

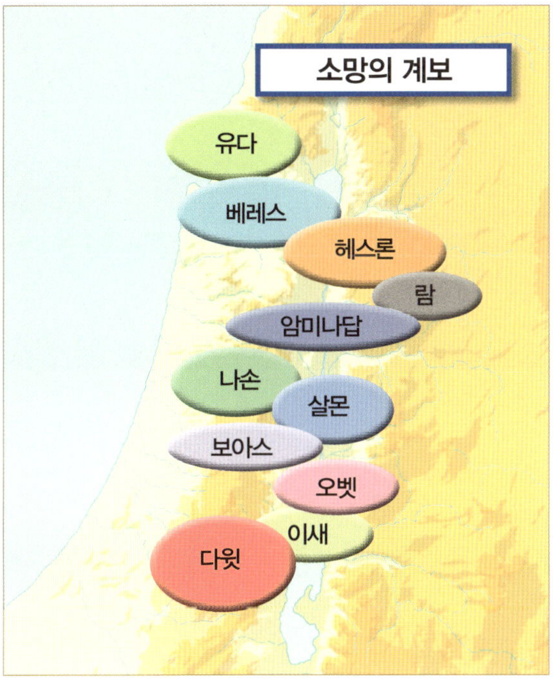

베레스의 계보는 이러하니라 베레스는 헤스론을 낳고 헤스론은 람을 낳았고 람은 암미나답을 낳았고 암미나답은 나손을 낳았고 나손은 살몬을 낳았고 살몬은 보아스를 낳았고 보아스는 오벳을 낳았고 오벳은 이새를 낳고 이새는 다윗을 낳았더라 (룻4:18~22), (룻4:13)

사무엘상·하는 크게 두 부분으로 나뉩니다.
사무엘상 1장부터 사무엘하 4장까지는 다윗이 왕이 되기 전에 있었던 역사입니다.
사무엘하 5장부터 사무엘하 24장까지는 다윗이 왕이 되어서 있었던 역사입니다.
다윗이 이스라엘의 왕이 되기 전에 있었던 일들과 다윗이 이스라엘의 왕이 되어서 있었던 일들에 대해서 공부합니다.

사무엘상·하

Q 한나는 왜 사무엘의 평생을 하나님께 드렸는가?

1 **엘리 대제사장 때 성막의 분위기는 어떠했나요?**

이 소년들의 죄가 여호와 앞에 심히 큼은 그들이 여호와의 제사를 멸시함이었더라 (삼상2 : 17)
아이 사무엘이 엘리 앞에서 여호와를 섬길 때에는 여호와의 말씀이 희귀하여 이상이 흔히 보이지 않았더라 (삼상3 : 1), (삼상2 : 14), (삼상2 : 22)

2 **한나는 하나님 앞에서 무엇을 서원했나요? 한나는 어떠한 마음으로 사무엘의 평생을 드린다고 했나요?**

한나가 마음이 괴로워서 여호와께 기도하고 통곡하며 서원하여 이르되 만군의 여호와여 만일 주의 여종의 고통을 돌보시고 나를 기억하사 주의 여종을 잊지 아니하시고 주의 여종에게 아들을 주시면 내가 그의 평생에 그를 여호와께 드리고 삭도를 그의 머리에 대지 아니하겠나이다 (삼상1 : 10,11), (삼상1 : 28)

3 **어떤 자세를 가진 사람들을 통해 하나님의 나라가 이어져 왔나요?**

실로의 폐허

젖을 뗀 후에 그를 데리고 올라갈새 수소 세 마리와 밀가루 한 에바와 포도주 한 가죽부대를 가지고 실로 여호와의 집에 나아갔는데 아이가 어리더라 (삼상1 : 24), (삼상2 : 10)

Q '여호와 앞에서 자란다'란 무엇을 말하는가?

1 **엘리와 그 가문이 하나님께 왜 징계를 받게 되었나요?**

너희는 어찌하여 내가 내 처소에서 명령한 내 제물과 예물을 밟으며 네 아들들을 나보다 더 중히 여겨 내 백성 이스라엘이 드리는 가장 좋은 것으로 너희들을 살지게 하느냐 (삼상2 : 29), (삼상2 : 22,23), (삼상2 : 30)

2 **한나는 하나님께 무엇을 간구했나요?**

그러므로 나도 그를 여호와께 드리되 그의 평생을 여호와께 드리나이다 하고 그가 거기서 여호와께 경배하니라 (삼상1 : 28), (삼상2 : 21)

3 **엘리의 아들들은 '여호와 앞'에서 어떤 결과를 맞게 되었나요? 사무엘은 '여호와 앞'에서 어떤 결과를 맞게 되었나요? 오늘날 '여호와 앞'이란 어디를 말하나요?**

이 소년들의 죄가 여호와 앞에 심히 큼은 그들이 여호와의 제사를 멸시함이었더라 (삼상2 : 17)
여호와께서 한나를 돌보시사 그로 하여금 임신하여 세 아들과 두 딸을 낳게 하셨고 아이 사무엘은 여호와 앞에서 자라니라 (삼상2 : 21), (삼상2 : 23), (삼상2 : 26), (요1 : 1)

Q 사무엘의 열매는?

1 이스라엘을 오랜 시간 동안 괴롭혔던 블레셋은 어떤 나라인가요?

곧 애굽 앞 시홀 시내에서부터 가나안 사람에게 속한 북쪽 에그론 경계까지와 블레셋 사람의 다섯 통치자들의 땅 곧 가사 족속과 아스돗 족속과 아스글론 족속과 가드 족속과 에그론 족속과 또 남쪽 아위 족속의 땅과 (수13 : 3), (삼상13 : 19)

2 사무엘은 이스라엘 백성들을 어떻게 이끌었나요?

단에서부터 브엘세바까지의 온 이스라엘이 사무엘은 여호와의 선지자로 세우심을 입은 줄을 알았더라 여호와께서 실로에서 다시 나타나시되 여호와께서 실로에서 여호와의 말씀으로 사무엘에게 자기를 나타내시니라 (삼상3 : 20, 21) 사무엘의 말이 온 이스라엘에 전파되니라 (삼상4 : 1), (삼상3 : 1) (삼상3 : 10)

3 어떻게 블레셋으로부터 이스라엘이 건짐을 받을 수 있었나요?

사무엘이 이스라엘 온 족속에게 말하여 이르되 만일 너희가 전심으로 여호와께 돌아오려거든 이방 신들과 아스다롯을 너희 중에서 제거하고 너희 마음을 여호와께로 향하여 그만을 섬기라 그리하면 너희를 블레셋 사람의 손에서 건져내시리라 (삼상7 : 3), (삼상7 : 4)

Q 이스라엘 백성들과 장로들은 왜 왕을 구했는가?

1 사무엘의 두 아들들을 통해 이스라엘 장로들은 무엇을 걱정하게 되었나요?

브엘세바

그에게 이르되 보소서 당신은 늙고 당신의 아들들은 당신의 행위를 따르지 아니하니 모든 나라와 같이 우리에게 왕을 세워 우리를 다스리게 하소서 한지라 (삼상8 : 5), (삼상8 : 3)

2 이스라엘 백성들과 장로들은 왜 왕을 구했나요?

백성이 사무엘의 말 듣기를 거절하여 이르되 아니로소이다 우리도 우리 왕이 있어야 하리니 우리도 다른 나라들 같이 되어 우리의 왕이 우리를 다스리며 우리 앞에 나가서 우리의 싸움을 싸워야 할 것이니이다 하는지라 (삼상8 : 19,20)

3 왜 사무엘과 하나님께서는 이들의 요구를 기뻐하지 않으셨나요?

여호와께서 사무엘에게 이르시되 백성이 네게 한 말을 다 들으라 이는 그들이 너를 버림이 아니요 나를 버려 자기들의 왕이 되지 못하게 함이니라 (삼상8 : 7), (삼상8 : 6), (신28 : 1), (신28 : 7)

4 이스라엘의 왕을 왜 하나님께서 선택하셔야 할까요?

반드시 네 하나님 여호와께서 택하신 자를 네 위에 왕으로 세울 것이며 네 위에 왕을 세우려면 네 형제 중에서 한 사람을 할 것이요 네 형제 아닌 타국인을 네 위에 세우지 말 것이며 (신17 : 15) (삼상8 : 22), (삼상10 : 1)

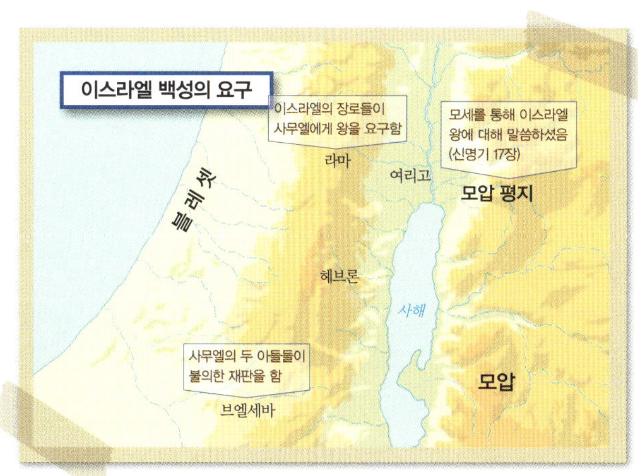

Q 사울은 왜 실패한 왕이 되었는가?

1 사울은 누가 세운 왕인가요? 하나님께서는 사울에게 어떤 사명을 주셨나요?

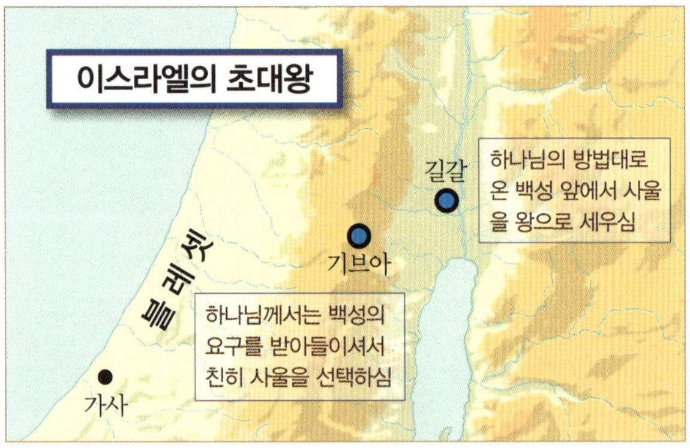

내일 이맘 때에 내가 베냐민 땅에서 한 사람을 네게로 보내리니 너는 그에게 기름을 부어 내 백성 이스라엘의 지도자로 삼으라 그가 내 백성을 블레셋 사람들의 손에서 구원하리라 내 백성의 부르짖음이 내게 상달되었으므로 내가 그들을 돌보았노라 하셨더니 (삼상 9 : 16), (삼상9 : 17), (삼상10 : 17), (삼상10 : 21)

2 사울 왕은 왜 하나님 말씀에 불순종했나요?

또 여호와께서 왕을 길로 보내시며 이르시기를 가서 죄인 아말렉 사람을 진멸하되 다 없어지기까지 치라 하셨거늘 (삼상15 : 18)
다만 백성이 그 마땅히 멸할 것 중에서 가장 좋은 것으로 길갈에서 당신의 하나님 여호와께 제사하려고 양과 소를 끌어 왔나이다 하는지라 사무엘이 이르되 여호와께서 번제와 다른 제사를 그의 목소리를 청종하는 것을 좋아하심 같이 좋아하시겠나이까 순종이 제사보다 낫고 듣는 것이 숫양의 기름보다 나으니 (삼상15 : 21,22), (삼상10 : 8), (삼상13 : 9,10), (삼상15 : 9), (삼상15 : 11), (삼상16 : 1), (삼상23 : 17)

3 사울 왕은 무슨 이유로 다윗을 죽이려고 했나요?

사무엘이 사울에게 이르되 나는 왕과 함께 돌아가지 아니하리니 이는 왕이 여호와의 말씀을 버렸으므로 여호와께서 왕을 버려 이스라엘 왕이 되지 못하게 하셨음이니이다 (삼상 15 : 26), (삼상22 : 17~19)

디르사(사울의 첫 번째 도읍지)

Q 사울은 왜 비참한 최후를 맡게 되었는가?

1 여호와의 신에 충만했던 사울이 왜 비참한 죽음을 맡게 되었나요?

길보아산 (사울이 전사한 지역)

벧산 (사울 왕의 시신이 있던 곳)

사울이 죽은 것은 여호와께 범죄하였기 때문이라 그가 여호와의 말씀을 지키지 아니하고 또 신접한 자에게 가르치기를 청하고 여호와께 묻지 아니하였으므로 여호와께서 그를 죽이시고 그 나라를 이새의 아들 다윗에게 넘겨 주셨더라 (대상10 : 13,14), (삼상31 : 4~6)

2 비참한 죽음을 맡게 한 사울의 죄는 무엇인가요? 사울은 왜 신접한 여인을 찾아갔나요?

사울이 그의 신하들에게 이르되 나를 위하여 신접한 여인을 찾으라 내가 그리로 가서 그에게 물으리라 하니 그의 신하들이 그에게 이르되 보소서 엔돌에 신접한 여인이 있나이다 사울이 다른 옷을 입어 변장하고 두 사람과 함께 갈새 그들이 밤에 그 여인에게 이르러서는 사울이 이르되 청하노니 나를 위하여 신접한 술법으로 내가 네게 말하는 사람을 불러 올리라 하니 (삼상28 : 7,8), (삼상28 : 6)

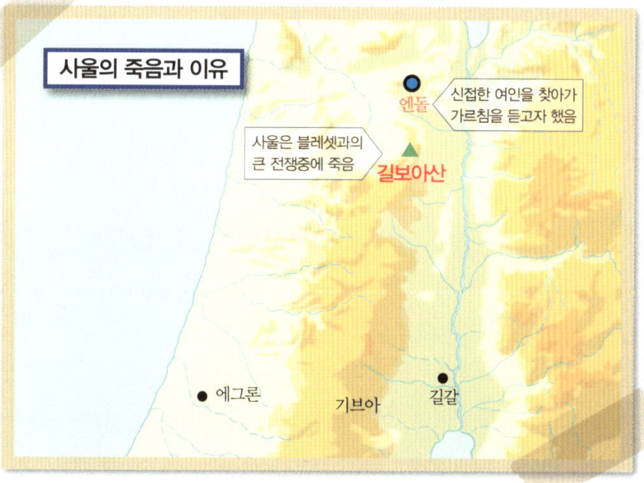

Q 하나님께서 친히 준비해 놓으신 왕은 누구인가?

1 이스라엘 왕은 어떤 역할을 감당해야 하나요? 이스라엘 왕은 하나님 앞에 어떤 위치에 있는 사람인가요?

반드시 네 하나님 여호와께서 택하신 자를 네 위에 왕으로 세울 것이며 네 위에 왕을 세우려면 네 형제 중에서 한 사람을 할 것이요 네 형제 아닌 타국인을 네 위에 세우지 말 것이며 (신17 : 15), (신17 : 14), (시127 : 1)

2 하나님께서 친히 준비해 놓으신 왕은 누구인가요? 하나님께서는 무엇을 보시고 그를 준비해 놓으셨나요?

여호와께서 사무엘에게 이르시되 내가 이미 사울을 버려 이스라엘 왕이 되지 못하게 하였거늘 네가 그를 위하여 언제까지 슬퍼하겠느냐 너는 뿔에 기름을 채워 가지고 가라 내가 너를 베들레헴 사람 이새에게로 보내리니 이는 내가 그의 아들 중에서 한 왕을 보았느니라 하시는지라 (삼상16 : 1)
여호와께서 사무엘에게 이르시되 그의 용모와 키를 보지 말라 내가 이미 그를 버렸노라 내가 보는 것은 사람과 같지 아니하니 사람은 외모를 보거니와 나 여호와는 중심을 보느니라 하시더라 (삼상16 : 7), (삼상16 : 13)

Q 다윗은 골리앗과 무엇 때문에 싸웠는가?

1 골리앗 앞에서 이스라엘 백성들의 상태는 어떠했나요? 다윗은 어떻게 골리앗 앞으로 나아갈 수 있었나요?

다윗이 곁에 서 있는 사람들에게 말하여 이르되 이 블레셋 사람을 죽여 이스라엘의 치욕을 제거하는 사람에게는 어떠한 대우를 하겠느냐 이 할례 받지 않은 블레셋 사람이 누구이기에 살아 계시는 하나님의 군대를 모욕하겠느냐 (삼상17 : 26), (삼상17 : 24), (삼상17 : 32)

2 다윗은 왜 칼과 군복을 선택하지 않고 그 대신 물매 돌을 무기로 선택했나요?

다윗이 사울에게 말하되 주의 종이 아버지의 양을 지킬 때에 사자나 곰이 와서 양 떼에서 새끼를 물어가면 내가 따라가서 그것을 치고 그 입에서 새끼를 건져내었고 그것이 일어나 나를 해하고자 하면 내가 그 수염을 잡고 그것을 쳐죽였나이다 (삼상17 : 34,35), (삼상16 : 13) , (삼상17 : 39,40)

3 다윗이 골리앗과 싸운 네 가지의 이유는 무엇인가요?

오늘 여호와께서 너를 내 손에 넘기시리니 내가 너를 쳐서 네 목을 베고 블레셋 군대의 시체를 오늘 공중의 새와 땅의 들짐승에게 주어 온 땅으로 이스라엘에 하나님이 계신 줄 알게 하겠고 (삼상17 : 46), (삼상17 : 36,37), (삼상17 : 45), (삼상17 : 47)

Q 다윗의 자리는?

1 어떻게 다윗이 견고한 신앙을 가지게 되었나요?

사무엘이 기름 뿔병을 가져다가 그의 형제 중에서 그에게 부었더니 이 날 이후로 다윗이 여호와의 영에게 크게 감동되니라 사무엘이 떠나서 라마로 가니라 (삼상16 : 13), (시8 : 4)

2 다윗은 왜 유다의 왕이 되는데 있어서 하나님의 결정하심만을 원했나요?

그 후에 다윗이 여호와께 여쭈어 아뢰되 내가 유다 한 성읍으로 올라가리이까 여호와께서 이르시되 올라가라 다윗이 아뢰되 어디로 가리이까 이르시되 헤브론으로 갈지니라 (삼하2 : 1), (삼상30 : 26), (삼상31 : 6)

3 다윗은 어떠한 과정을 거쳐 이스라엘의 왕이 되었나요? 왕이 되기까지 하나님 앞에 어떤 자세로 나아갔나요?

(삼하5 : 3~5)

Q 하나님께서는 다윗에게 무엇을 약속하셨는가?

1 **다윗은 왜 그토록 많은 전쟁을 하였나요?**

여호와께서 주위의 모든 원수를 무찌르사 왕으로 궁에 평안히 살게 하신 때에 (삼하 7 : 1), (삼하7 : 2), (대상22 : 8)

2 **하나님께서는 다윗에게 무엇을 약속하셨나요?**

네 집과 네 나라가 내 앞에서 영원히 보전되고 네 왕위가 영원히 견고
하리라 하셨다 하라 (삼하7 : 16), (삼하7 : 5), (삼하7 : 11)

3 **이스라엘 역사를 통해 하나님께서는 어떻게 다윗에게 하신 약속을 지켜 가셨나요?**

여호와께서 그의 종 다윗을 위하여 유다 멸하기를 즐겨하지 아니하셨으니 이는 그와 그의 자손에게 항상 등불을 주겠다고 말씀하셨음이더라 (왕하8 : 19), (대하23 : 3), (단2 : 45)

4 **다윗에게 하신 약속은 궁극적으로 누구를 향하고 있나요?**

예수 탄생 교회

아브라함과 다윗의 자손 예수 그리스도의 계보라 (마1 : 1), (마21 : 9)

Q 말씀에 능한 자의 자세는?

1 **다윗은 그 동안 이스라엘을 괴롭혔던 나라들을 어떻게 하였나요?**

하나님의 싸움을 싸운 다윗

다윗이 에돔에 수비대를 두되 온 에돔에 수비대를 두니 에돔 사람이 다 다윗의 종이 되니라 다윗이 어디로 가든지 여호와께서 이기게 하셨더라 (삼하8 : 14)
(대상22 : 8), (대상28 : 3), (창15 : 18~21)

2 **다윗은 이스라엘을 어떤 나라로 회복시켰나요?**

만군의 하나님 여호와께서 함께 계시니 다윗이 점점 강성하여 가니라 (삼하5 : 10), (삼하8 : 14)

3 **다윗은 어떠한 자세로 성전에 필요한 것들을 준비하였나요?**
다윗은 백성들에게 어떤 영향을 끼쳤나요?

나와 내 백성이 무엇이기에 이처럼 즐거운 마음으로 드릴 힘이 있었나이까 모든 것이 주께로 말미암았사오니 우리가 주의 손에서 받은 것으로 주께 드렸을 뿐이니이다 (대상29 : 14)
(창6 : 8), (대상29 : 16)

Q 어떤 사람이 약속의 땅을 정복할 수 있는가?

1 **여호수아의 어떠한 점이 가나안 정복전쟁을 감당하게 하였나요?**

만일 여호와를 섬기는 것이 너희에게 좋지 않게 보이거든 너희 조상들이 강 저쪽에서 섬기던 신들이든지 또는 너희가 거주하는 땅에 있는 아모리 족속의 신들이든지 너희가 섬길 자를 오늘 택하라 오직 나와 내 집은 여호와를 섬기겠노라 하니 (수24:15), (민14:6), (민14:30)

2 **갈렙의 어떠한 자세가 아낙 자손 네피림을 물리칠 수 있게 하였나요?**

그 날에 여호와께서 말씀하신 이 산지를 지금 내게 주소서 당신도 그 날에 들으셨거니와 그 곳에는 아낙 사람이 있고 그 성읍들은 크고 견고할지라도 여호와께서 나와 함께 하시면 내가 여호와께서 말씀하신 대로 그들을 쫓아내리이다 하니 (수14:12), (민14:9), (민14:24)

3 **광야 2세대의 무엇이 하나님의 명령하심에 무조건 순종할 수 있게 하였나요?**

이는 우리 하나님 여호와께서 친히 우리와 우리 조상들을 인도하여 애굽 땅 종 되었던 집에서 올라오게 하시고 우리 목전에서 그 큰 이적들을 행하시고 우리가 행한 모든 길과 우리가 지나온 모든 백성들 중에서 우리를 보호하셨음이며 (수24:17)
(수24:18), (삿2:7), (민14:33), (수6:14), (수24:16)

4 **다윗은 어떻게 가나안 정복전쟁을 완전히 마무리 지을 수 있었나요?**

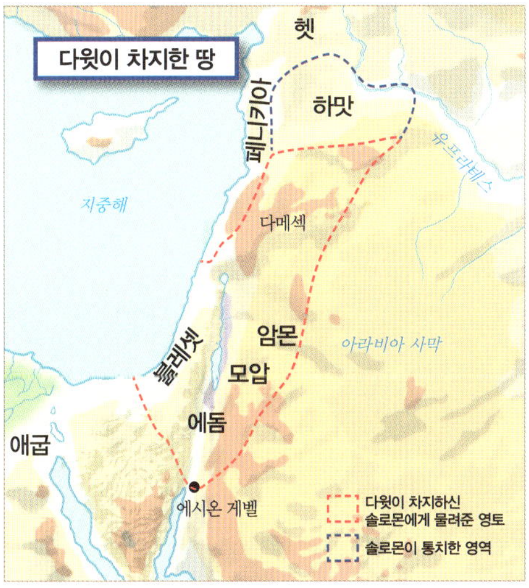

또 여호와의 구원하심이 칼과 창에 있지 아니함을 이 무리에게 알게 하리라 전쟁은 여호와께 속한 것인즉 그가 너희를 우리 손에 넘기시리라 (삼상17:47), (시18:29)

Q 왜 다윗인가?

1 다윗은 왜 사울을 헤치지 않았나요?

그리 한 후에 사울의 옷자락 벰으로 말미암아 다윗의 마음이 찔려 자기 사람들에게 이르되 내가 손을 들어 여호와의 기름 부음을 받은 내 주를 치는 것은 여호와께서 금하시는 것이니 그는 여호와의 기름 부음을 받은 자가 됨이니라 하고 (삼상24 : 5,6), (삼하3 : 17,18)

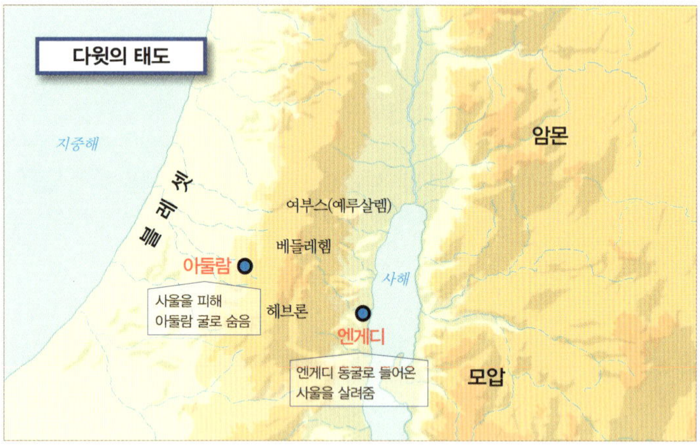

엔게디(다윗이 사울을 피해 숨었던 곳)

2 다윗은 왜 하나님께 여쭌 후 전쟁에 나아갔나요? 밧세바 사건을 보면 다윗이 가장 두려워했던 것은 무엇이었나요?

블레셋 사람들이 이미 이르러 르바임 골짜기에 가득한지라 다윗이 여호와께 여쭈어 이르되 내가 블레셋 사람에게로 올라가리이까 여호와께서 그들을 내 손에 넘기시겠나이까 하니 여호와께서 다윗에게 말씀하시되 올라가라 내가 반드시 블레셋 사람을 네 손에 넘기리라 하신지라 (삼하5 : 18,19), (시18 : 29)

3 다윗은 어떻게 이스라엘 백성들을 통치하였나요?

아둘람 굴

다윗이 온 회중에게 이르되 너희는 너희 하나님 여호와를 송축하라 하매 회중이 그의 조상들의 하나님 여호와를 송축하고 머리를 숙여 여호와와 왕에게 절하고 (대상29：20)
다윗이 온 이스라엘을 다스려 모든 백성에게 정의와 공의를 행할새 (대상18：14), (대상29：1～3), (대상29：6), (대상29：9)

4 다윗은 하나님 앞에 무엇을 간절히 소망하였나요?

하나님이여 주는 하늘 위에 높이 들리시며 주의 영광이 온 세계 위에 높아지기를 원하나이다 (시57：11), (삼상22：1), (시57：3), (시57：9)

5 무엇이 다윗으로 하여금 오직 하나님만을 왕으로 섬기게 하였나요? 왜 우리가 다윗을 긍정적으로 배워야 하나요?

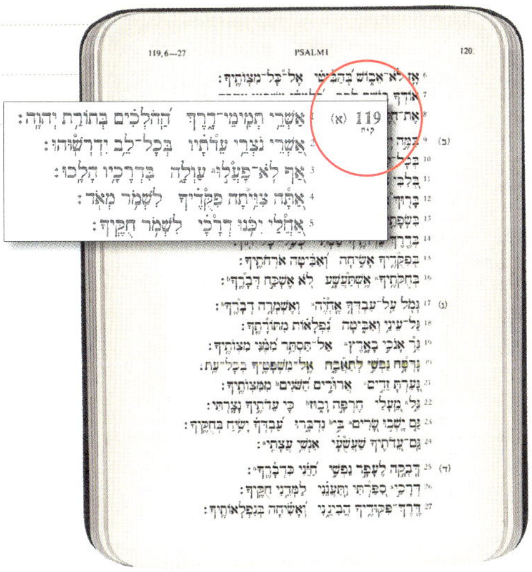

주의 말씀의 맛이 내게 어찌 그리 단지요 내 입에 꿀보다 더 다니이다 (시119：103)
아사가 그의 조상 다윗 같이 여호와 보시기에 정직하게 행하여(왕상15：11)
여호와의 말씀이니라 보라 때가 이르리니 내가 다윗에게 한 의로운 가지를 일으킬 것이라 그가 왕이 되어 지혜롭게 다스리며 세상에서 정의와 공의를 행할 것이며 그의 날에 유다는 구원을 받겠고 이스라엘은 평안히 살 것이며 그의 이름은 여호와 우리의 공의라 일컬음을 받으리라(렘23：5,6)
(시119：97, 98), (겔37：24~26), (왕하16：1,2), (시78：70,71)

열왕기상·하는 크게 세 부분으로 나뉩니다.
열왕기상 1장부터 열왕기상 11장까지는 솔로몬 통치에 대한 말씀입니다.
열왕기상 12장부터 열왕기하 17장까지는 북이스라엘의 멸망에 대한 말씀입니다.
열왕기하 18장부터 열왕기하 25장까지는 남유다의 멸망에 대한 말씀입니다.
솔로몬의 이스라엘 통치, 북이스라엘의 멸망 이유, 남유다의 멸망 이유에 대해서 공부합니다.

열왕기상 · 하

Q 다윗은 솔로몬에게 왕권을 물려주면서 무엇을 당부하고 있는가?

1 이스라엘 역사상 가장 위대한 왕이었던 다윗은 어떤 마음으로 솔로몬에게 왕위를 물려주었나요?

다윗이 죽을 날이 임박하매 그의 아들 솔로몬에게 명령하여 이르되 (왕상2 : 1)
내가 이제 세상 모든 사람이 가는 길로 가게 되었노니 너는 힘써 대장부가 되고 (왕상2 : 2)

다윗왕의 가묘

2 다윗은 이스라엘 왕으로서 솔로몬에게 무엇을 당부하였나요?

네 하나님 여호와의 명령을 지켜 그 길로 행하여 그 법률과 계명과 율례와 증거를 모세의 율법에 기록된 대로 지키라 그리하면 네가 무엇을 하든지 어디로 가든지 형통할지라 여호와께서 내 일에 대하여 말씀하시기를 만일 네 자손들이 그들의 길을 삼가 마음을 다하고 성품을 다하여 진실히 내 앞에서 행하면 이스라엘 왕위에 오를 사람이 네게서 끊어지지 아니하리라 하신 말씀을 확실히 이루게 하시리라 (왕상2 : 3,4)

Q 무엇이 '진정한 지혜'인가?

1 솔로몬이 이스라엘을 물려받을 때 이스라엘의 상태는 어떠했나요?

기브온 산악지대

솔로몬이 그의 아버지 다윗의 왕위에 앉으니 그의 나라가 심히 견고하니라 (왕상2 : 12), (대하9 : 26)

2 솔로몬은 이스라엘의 왕이 되어 하나님께 무엇을 간구했나요? 하나님께서는 왜 솔로몬의 간구를 기뻐하셨나요?

누가 주의 이 많은 백성을 재판할 수 있사오리이까 듣는 마음을 종에게 주사 주의 백성을 재판하여 선악을 분별하게 하옵소서 (왕상3 : 9) (왕상3 : 12, 13)

3 하나님께서 주신 지혜로 솔로몬은 무엇을 했나요? 솔로몬이 물려받은 이스라엘과 르호보암이 물려받은 이스라엘은 어떻게 다른가요?

여호와께서 솔로몬에게 말씀하시되 네게 이러한 일이 있었고 또 네가 내 언약과 내가 네게 명령한 법도를 지키지 아니하였으니 내가 반드시 이 나라를 네게서 빼앗아 네 신하에게 주리라 (왕상11 : 11), (왕상 2 : 12), (왕상11 : 13)

4 다윗과 솔로몬을 통해 알 수 있는 진정한 지혜는 무엇인가요?

네 하나님 여호와의 명령을 지켜 그 길로 행하여 그 법률과 계명과 율례와 증거를 모세의 율법에 기록된 대로 지키라 그리하면 네가 무엇을 하든지 어디로 가든지 형통할지라 (왕상2 : 3), (왕상11 : 11), (잠1 : 7), (시111 : 10)

Q 솔로몬 이후 이스라엘이 왜 둘로 분열됐는가?

1 하나님께 지혜와 부와 영광을 받은 솔로몬은 이스라엘 나라를 어떻게 통치했나요?

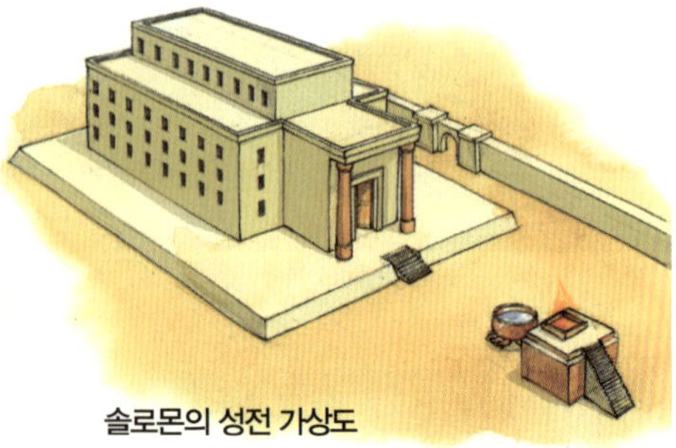
솔로몬의 성전 가상도

솔로몬 왕이 역군을 일으킨 까닭은 이러하니 여호와의 성전과 자기 왕궁과 밀로와 예루살렘 성과 하솔과 므깃도와 게셀을 건축하려 하였음이라 (왕상9 : 15) (왕상6 : 37,38), (왕상7 : 1)

2 솔로몬이 이방신을 섬긴 것이 이스라엘 나라에 어떤 영향을 미쳤나요?

솔로몬의 나이가 많을 때에 그의 여인들이 그의 마음을 돌려 다른 신들을 따르게 하였으므로 왕의 마음이 그의 아버지 다윗의 마음과 같지 아니하여 그의 하나님 여호와 앞에 온전하지 못하였으니 (왕상11 : 4), (왕상12 : 3,4), (신17 : 16~19)

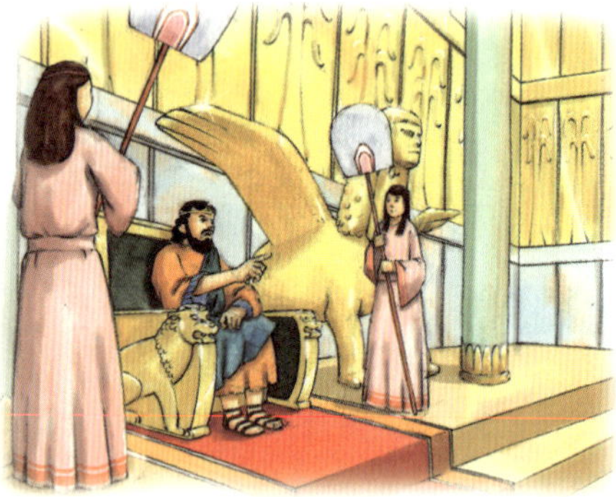

3 솔로몬의 아들 르호보암은 이스라엘 나라가 분열되는 데 어떤 영향을 미쳤나요?

내 아버지께서 너희에게 무거운 멍에를 메게 하였으나 이제 나는 너희의 멍에를 더욱 무겁게 할지라 내 아버지는 채찍으로 너희를 징계하였으나 나는 전갈 채찍으로 너희를 징계하리라 하소서 (왕상12 : 11), (왕상12 : 20)

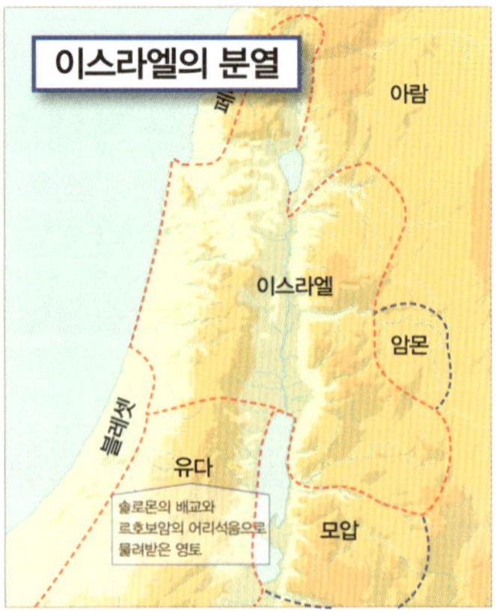

Q 북이스라엘을 범죄하게 만든 '여로보암의 죄'는?

1 북이스라엘을 누가 통치하게 되었나요? 여로보암은 북이스라엘의 왕이 된 후 무엇을 근심하였나요?

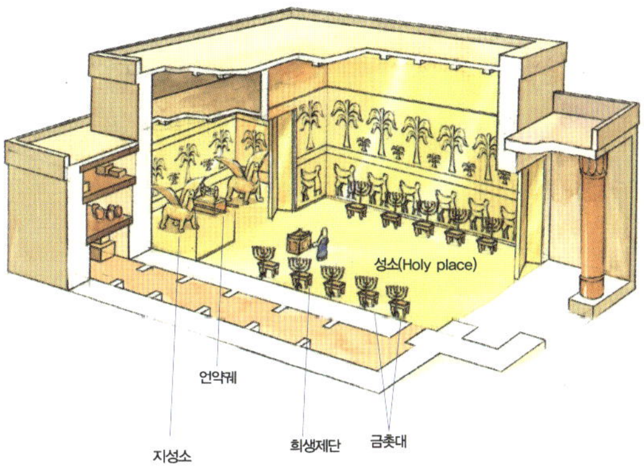

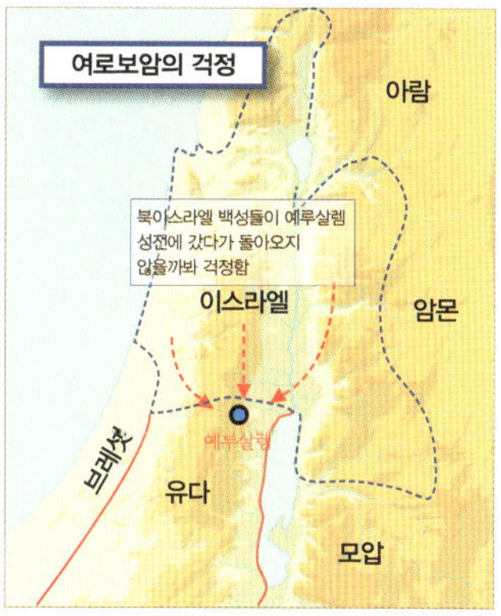

만일 이 백성이 예루살렘에 있는 여호와의 성전에 제사를 드리고자 하여 올라가면 이 백성의 마음이 유다 왕 된 그들의 주 르호보암에게로 돌아가서 나를 죽이고 유다의 왕 르호보암에게로 돌아가리로다 하고 (왕상12:27), (왕상14:9)

2 여로보암은 왕이 되자마자 어떤 정책을 만들었나요?

단 지파 성문 앞의 폐허

이에 계획하고 두 금송아지를 만들고 무리에게 말하기를 너희가 다시는 예루살렘에 올라갈 것이 없도다 이스라엘아 이는 너희를 애굽 땅에서 인도하여 올린 너희의 신들이라 하고 하나는 벧엘에 두고 하나는 단에 둔지라 (왕상12:28,29), (왕상12:31,32)

3 결국 여로보암이 만든 정책은 북이스라엘에게 어떤 영향을 주었나요?

여호와께서 여로보암의 죄로 말미암아 이스라엘을 버리시리니 이는 그도 범죄하고 이스라엘로 범죄하게 하였음이니라 하니라 (왕상14:16) (왕상15:34), (왕상16:25,26)

Q 엘리야 선지자가 갈멜산 싸움을 싸운 이유는?

1 아합 왕 때 두로와 시돈의 바알과 아세라와 같은 우상이 어떤 경로를 통해 북이스라엘에 들어오게 되었나요?

페니키아 두로의 중앙로

오므리의 아들 아합이 그의 이전의 모든 사람보다 여호와 보시기에 악을 더욱 행하여 느밧의 아들 여로보암의 죄를 따라 행하는 것을 오히려 가볍게 여기며 시돈 사람의 왕 엣바알의 딸 이세벨을 아내로 삼고 가서 바알을 섬겨 예배하고 (왕상16:30,31), (왕상21:25,26)

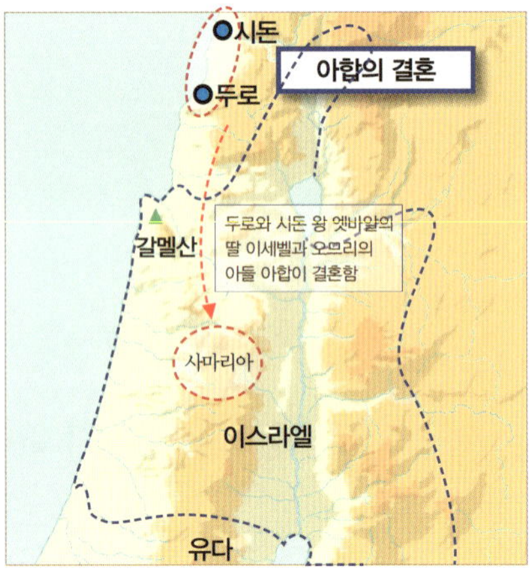

2 이세벨은 북이스라엘 왕궁에 들어와 어떤 일들을 하였나요?

이세벨이 여호와의 선지자들을 멸할 때에 오바댜가 선지자 백 명을 가지고 오십 명씩 굴에 숨기고 떡과 물을 먹였더라 (왕상18:4), (왕상18:19), (왕상19:2)

3 아합과 이세벨은 북이스라엘을 어떤 상태로 만들어 놓았나요? 하나님께서는 왜 북이스라엘에 3년6개월 동안 기근이 들도록 하셨나요?

엘리야가 모든 백성에게 가까이 나아가 이르되 너희가 어느 때까지 둘 사이에서 머뭇머뭇 하려느냐 여호와가 만일 하나님이면 그를 따르고 바알이 만일 하나님이면 그를 따를지니라 하니 백성이 말 한마디도 대답하지 아니하는지라 (왕상18:21), (왕상17:1), (약5:17)

4 엘리야는 무엇 때문에 갈멜산 싸움을 싸웠나요?

여호와여 내게 응답하옵소서 내게 응답하옵소서 이 백성에게 주 여호와는 하나님이신 것과 주는 그들의 마음을 되돌이키심을 알게 하옵소서 하매 (왕상18:37), (왕상18:21, 22), (왕상18:36)

Q 아합과 이세벨의 딸인 아달랴가 남유다의 왕비로 들어와서 무슨 일을 하였는가?

1 북이스라엘을 죄악에 빠지게 했던 바알과 아세라가 어떤 경로로 남유다에 들어오게 되었나요?

여호사밧이 부귀와 영광을 크게 떨쳤고 아합 가문과 혼인함으로 인척 관계를 맺었더라 (대하18 : 1)

여호람이 왕이 될 때에 나이가 삼십이 세라 예루살렘에서 팔 년 동안 통치하니라 그가 이스라엘 왕들의 길을 가서 아합의 집과 같이 하였으니 이는 아합의 딸이 그의 아내가 되었음이라 그가 여호와 보시기에 악을 행하였으나 (왕하8 : 17,18)

2 남유다 여호람 왕의 부인 아달랴는 남유다에서 어떤 정책을 펼쳤나요?

그가 이스라엘 왕들의 길로 행하여 아합의 집과 같이 하였으니 이는 아합의 딸이 그의 아내가 되었음이라 그가 여호와 보시기에 악을 행하였으나 (대하21 : 6)

아하시야의 어머니 아달랴가 그의 아들이 죽은 것을 보고 일어나 왕의 자손을 모두 멸절하였으나 요람 왕의 딸 아하시야의 누이 여호세바가 아하시야의 아들 요아스를 왕자들이 죽임을 당하는 중에서 빼내어 그와 그의 유모를 침실에 숨겨 아달랴를 피하여 죽임을 당하지 아니하게 한지라 요아스가 그와 함께 여호와의 성전에 육 년을 숨어 있는 동안에 아달랴가 나라를 다스렸더라 (왕하11 : 1~3)

Q 왜 어린 요아스를 남유다의 왕으로 세웠는가? 이때 활동했던 선지자들은?

1 아달랴는 어떻게 쿠데타를 일으킬 수 있었나요?

길르앗 라못 (아하시야가 아합의 아들 요람과 함께 하사엘 아람 왕과 싸운 곳)

아하시야의 어머니 아달랴가 자기의 아들이 죽은 것을 보고 일어나 유다 집의 왕국의 씨를 모두 진멸하였으나 (대하22 : 10), (왕하8 : 25,26)

2 여호야다와 백성들은 왜 어린 요아스를 남유다의 왕으로 추대하였나요?

요람 왕의 딸 아하시야의 누이 여호세바가 아하시야의 아들 요아스를 왕자들이 죽임을 당하는 중에서 빼내어 그와 그의 유모를 침실에 숨겨 아달랴를 피하여 죽임을 당하지 아니하게 한지라 (왕하11 : 2)

온 회중이 하나님의 전에서 왕과 언약을 세우매 여호야다가 무리에게 이르되 여호와께서 다윗의 자손에게 대하여 말씀하신 대로 왕자가 즉위하여야 할지니 (대하23 : 3), (대하23 : 11), (왕하11 : 21), (대하 23 : 16, 17)

3 이때 활동했던 선지자는 누구인가요?

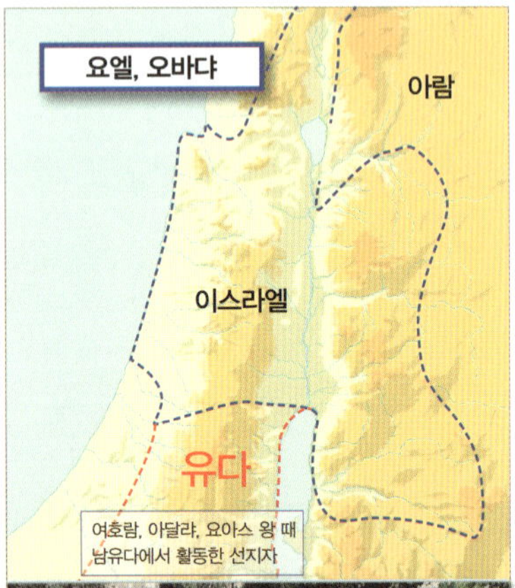

시온산

브두엘의 아들 요엘에게 임한 여호와의 말씀이라 (욜1 : 1)

오바댜의 묵시라 주 여호와께서 에돔에 대하여 이와 같이 말씀하시니라 우리가 여호와께로 말미암아 소식을 들었나니 곧 사자가 나라들 가운데에 보내심을 받고 이르기를 너희는 일어날지어다 우리가 일어나서 그와 싸우자 하는 것이니라 (옵1 : 1)

여호와의 말씀이니라 그 날에 내가 에돔에서 지혜 있는 자를 멸하며 에서의 산에서 지각 있는 자를 멸하지 아니하겠느냐 (옵1 : 8), (욜2 : 28), (욜2 : 32), (옵1 : 17)

Q 여로보암 2세 때 하나님의 말씀을 선포했던 선지자는?

1 하나님께서는 왜 여로보암 2세 때 북이스라엘을 부강하게 하셨나요? 북이스라엘 역사상 가장 부강했던 여로보암 2세 때 왜 선지자들을 보내셔서 책망하셨나요?

이스라엘의 하나님 여호와께서 그의 종 가드헤벨 아밋대의 아들 선지자 요나를 통하여 하신 말씀과 같이 여로보암이 이스라엘 영토를 회복하되 하맛 어귀에서부터 아라바 바다까지 하였으니 (왕하14:25), (왕하14:23,24), (왕하13:6)

2 하나님께서는 호세아 선지자를 통해 무엇을 원하신다고 말씀하셨나요?

여로보암 2세의 신전터

나는 인애를 원하고 제사를 원하지 아니하며 번제보다 하나님을 아는 것을 원하노라 (호6:6), (호1:1), (호2:19,20)

3 아모스 선지자를 통해 알 수 있는 여로보암 2세 때의 사회는 어떠했나요?

여호와께서 이와 같이 말씀하시되 이스라엘의 서너 가지 죄로 말미암아 내가 그 벌을 돌이키지 아니하리니 이는 그들이 은을 받고 의인을 팔며 신 한 켤레를 받고 가난한 자를 팔며 힘 없는 자의 머리를 티끌 먼지 속에 발로 밟고 연약한 자의 길을 굽게 하며 아버지와 아들이 한 젊은 여인에게 다녀서 내 거룩한 이름을 더럽히며 모든 제단 옆에서 전당 잡은 옷 위에 누우며 그들의 신전에서 벌금으로 얻은 포도주를 마심이니라 (암2 : 6~8), (암1 : 1)

4 하나님께서는 왜 요나를 앗수르 니느웨로 보내셨나요?

여호와께 기도하여 이르되 여호와여 내가 고국에 있을 때에 이러하겠다고 말씀하지 아니하였나이까 그러므로 내가 빨리 다시스로 도망하였사오니 주께서는 은혜로우시며 자비로우시며 노하기를 더디하시며 인애가 크시사 뜻을 돌이켜 재앙을 내리지 아니하시는 하나님이신 줄을 내가 알았음이니이다 (욘4 : 2), (욘1 : 1), (왕하14 : 25)

Q 북이스라엘이 망한 이유는?

1 제1대 여로보암 왕은 북이스라엘에게 정치적, 종교적으로 어떤 영향을 미쳤나요?

여로보암의 신당터

유다의 아사 왕 제이십칠년에 시므리가 디르사에서 칠 일 동안 왕이 되니라 그 때에 백성들이 블레셋 사람에게 속한 깁브돈을 향하여 진을 치고 있더니 진 중 백성들이 시므리가 모반하여 왕을 죽였다는 말을 들은지라 그 날에 이스라엘의 무리가 진에서 군대 지휘관 오므리를 이스라엘의 왕으로 삼으매 (왕상16 : 15, 16), (왕상12 : 20)

2 북이스라엘은 남유다처럼 하나의 혈통으로 왕권을 이어갔나요? 북이스라엘 200년 동안의 정치 상황은 어떠했나요?

북이스라엘의 수도 사마리아의 폐허

그 때에 므나헴이 디르사에서 와서 딥사와 그 가운데에 있는 모든 사람과 그 사방을 쳤으니 이는 그들이 성문을 열지 아니하였음이라 그러므로 그들이 그 곳을 치고 그 가운데에 아이 밴 부녀를 갈랐더라 (왕하15 : 16), (왕하15 : 13,14)

3 북이스라엘 백성들은 왜 온갖 우상들을 섬기게 되었나요? 그 결과 그들은 무엇을 원하게 되었나요? 북이스라엘은 왜 망할 수밖에 없었나요?

이는 그들이 하나님 여호와의 말씀을 듣지 아니하고 그의 언약과 여호와의 종 모세가 명령한 모든 것을 따르지 아니하였음이더라 (왕하18 : 12)
(왕상11 : 38), (왕하17 : 18), (왕하17 : 22,23)

Q 히스기야 왕이 하나님의 뜻대로 개혁할 수 있도록 도운 선지자는?

1 북이스라엘이 망할 때 남유다 히스기야 왕 주변 나라들의 상황은 어떠했나요? 그런 상황 가운데에서 히스기야 왕은 어떤 정책을 펼쳤나요?

그가 여러 산당들을 제거하며 주상을 깨뜨리며 아세라 목상을 찍으며 모세가 만들었던 놋뱀을 이스라엘 자손이 이때까지 향하여 분향하므로 그것을 부수고 느후스단이라 일컬었더라(왕하18:4), (왕하18:3)

2 히스기야를 도운 이사야 선지자는 왜 히스기야 왕이 펼친 개혁을 지적했나요?

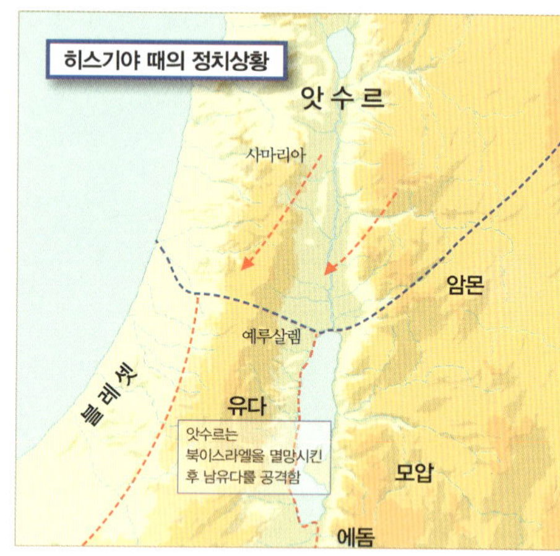

만군의 여호와께서 우리를 위하여 생존자를 조금 남겨 두지 아니하셨더면 우리가 소돔 같고 고모라 같았으리로다 너희 소돔의 관원들아 여호와의 말씀을 들을지어다 너희 고모라의 백성아 우리 하나님의 법에 귀를 기울일지어다 (사1:9,10) (사1:1), (사11:1,2), (사32:1)

3 하나님께서는 미가 선지자에게 어떤 말씀을 선포하게 하셨나요?

기드론 계곡(히스기야는 우상을 이 계곡에서 불살랐음)

베들레헴 에브라다야 너는 유다 족속 중에 작을지라도 이스라엘을 다스릴 자가 네게서 내게로 나올 것이라 그의 근본은 상고에, 영원에 있느니라 (미5:2), (미1:15), (미6:4,5)

4 남유다 선지자들의 특징은 무엇인가요?

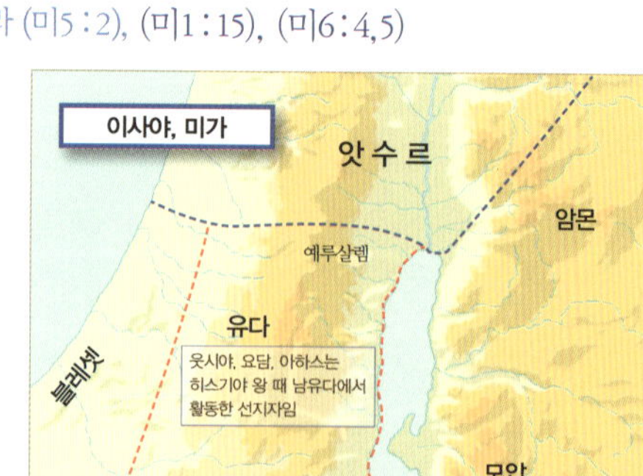

Q 요시야가 왕이 됐을 때 남유다의 상태는?

1 요시야 왕은 어떤 계기로 강력한 종교정책을 펼치게 되었나요? 당시 남유다는 어떤 상태였나요?

요시야가 또 유다 땅과 예루살렘에 보이는 신접한 자와 점쟁이와 드라빔과 우상과 모든 가증한 것을 다 제거하였으니 이는 대제사장 힐기야가 여호와의 성전에서 발견한 책에 기록된 율법의 말씀을 이루려 함이라 요시야와 같이 마음을 다하며 뜻을 다하며 힘을 다하여 모세의 모든 율법을 따라 여호와께로 돌이킨 왕은 요시야 전에도 없었고 후에도 그와 같은 자가 없었더라 (왕하23 : 24,25), (왕하22 : 1,2) (왕하22 : 5), (왕하22 : 8), (왕하22 : 11)

2 하박국 선지자는 어려운 남유다에서 어떤 말씀을 선포한 선지자였나요?

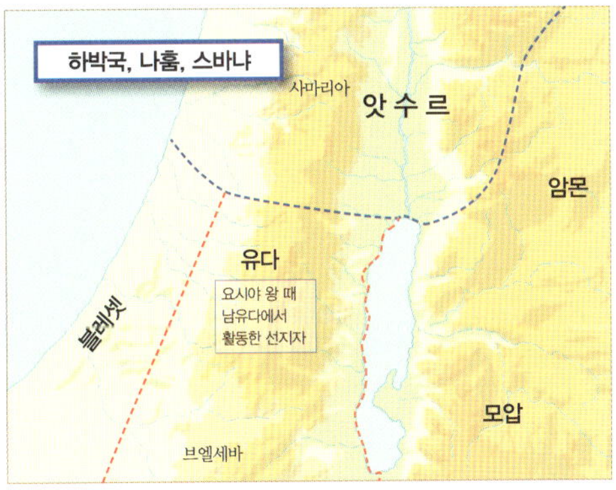

선지자 하박국의 묵시로 받은 경고라(합1 : 1), (합3 : 17~19)

3 하나님께서는 나훔 선지자에게 어떤 말씀을 선포하게 하셨나요?

만군의 여호와의 말씀에 내가 네 대적이 되어 네 병거들을 불살라 연기가 되게 하고 네 젊은 사자들을 칼로 멸할 것이며 내가 또 네 노략한 것을 땅에서 끊으리니 네 파견자의 목소리가 다시는 들리지 아니하리라 하셨느니라 (나2 : 13), (나1 : 1)

4 하나님께서는 스바냐 선지자에게 어떤 말씀을 선포하게 하셨나요?

내가 그 때에 너희를 이끌고 그 때에 너희를 모을지라 내가 너희 목전에서 너희의 사로잡힘을 돌이킬 때에 너희에게 천하 만민 가운데서 명성과 칭찬을 얻게 하리라 여호와의 말이니라 (습3 : 20), (습1 : 1), (습1 : 4~6), (습3 : 19)

Q 하나님의 극심한 진노를 일으켰던 왕은?

1 요시야 왕의 철저한 종교개혁에도 불구하고 하나님께서는 왜 남유다를 반드시 심판하시겠다고 하셨나요?

그러나 여호와께서 유다를 향하여 내리신 그 크게 타오르는 진노를 돌이키지 아니하셨으니 이는 므낫세가 여호와를 격노하게 한 그 모든 격노 때문이라 여호와께서 이르시되 내가 이스라엘을 물리친 것 같이 유다도 내 앞에서 물리치며 내가 택한 이 성 예루살렘과 내 이름을 거기에 두리라 한 이 성전을 버리리라 하셨더라 (왕하23 : 26,27), (대하34 : 24) (왕하21 : 1), (왕하21 : 16)

2 므낫세 왕은 하나님 앞에 무슨 죄를 지었나요? 므낫세 왕은 남유다 역사에 어떤 영향을 미쳤나요?

유다 왕 므낫세가 이 가증한 일과 악을 행함이 그 전에 있던 아모리 사람들의 행위보다 더욱 심하였고 또 그들의 우상으로 유다를 범죄하게 하였도다 그러므로 이스라엘의 하나님 여호와가 말하노니 내가 이제 예루살렘과 유다에 재앙을 내리리니 듣는 자마다 두 귀가 울리리라 (왕하21 : 11,12), (왕하21 : 2,3), (대하33 : 13)

3 므낫세 왕과 백성들을 깊은 범죄에 빠지게 한 가장 큰 원인은 무엇인가요?

기도하였으므로 하나님이 그의 기도를 받으시며 그의 간구를 들으시사 그가 예루살렘에 돌아와서 다시 왕위에 앉게 하시매 므낫세가 그제서야 여호와께서 하나님이신 줄을 알았더라 (대하33 : 13)

Q 남유다는 왜 망했는가?

1 **이 땅에 하나님을 증거해야 할 유일한 나라인 남유다가 어떤 세력에 사로잡히게 되었나요?**

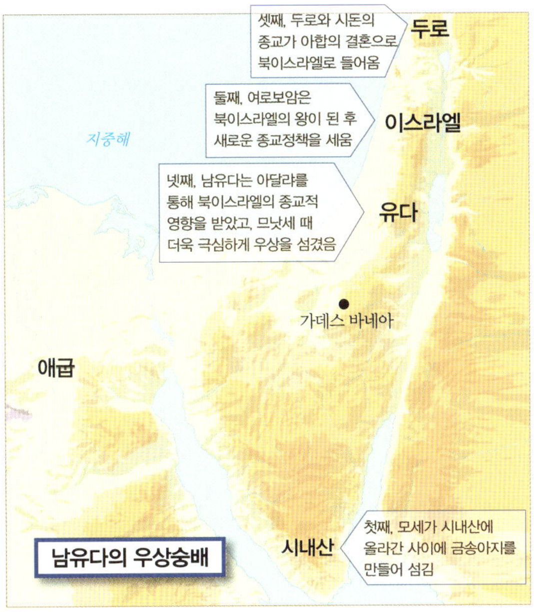

남유다의 우상숭배

이 백성이 듣지 아니하였고 므낫세의 꾐을 받고 악을 행한 것이 여호와께서 이스라엘 자손 앞에서 멸하신 여러 민족보다 더 심하였더라 (왕하21 : 9)

2 **남유다 왕들은 하나님의 백성들을 어떻게 통치하였나요?**

아하스가 왕이 될 때에 나이가 이십 세라 예루살렘에서 십육 년간 다스렸으나 그의 조상 다윗과 같지 아니하여 그의 하나님 여호와께서 보시기에 정직히 행하지 아니하고 이스라엘의 여러 왕의 길로 행하며 또 여호와께서 이스라엘 자손 앞에서 쫓아내신 이방 사람의 가증한 일을 따라 자기 아들을 불 가운데로 지나가게 하며 (왕하16 : 2,3), (왕하18 : 3,4)

3 **하나님께서는 범죄한 백성들을 향해서 어떤 방법으로 말씀을 선포하셨나요? 결국 무엇 때문에 남유다를 심판할 수밖에 없었나요?**

내가 너희에게 나의 종 선지자들을 꾸준히 보내 그들의 말을 순종하라고 하였으나 너희는 순종하지 아니하였느니라 내가 이 성전을 실로 같이 되게 하고 이 성을 세계 모든 민족의 저줏거리가 되게 하리라 하셨느니라 (렘26 : 5,6)

Q 요시야 이후 남유다는 어떻게 멸망해갔는가?

1 **요시야 왕 이후 여호아하스, 여호야김, 여호야긴, 시드기야 왕 때까지 어느 나라들이 남유다를 괴롭혔나요? 다니엘과 에스겔 선지자는 언제 바벨론으로 잡혀갔나요?**

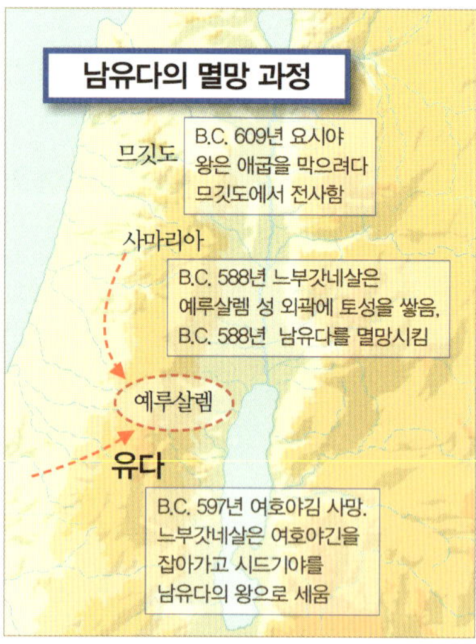

이스타르 성문 입구

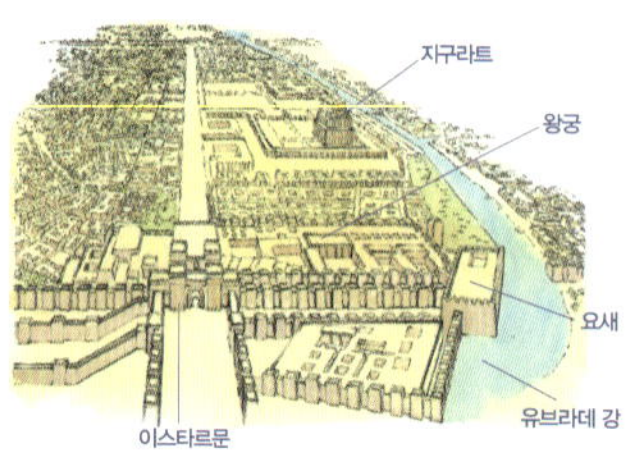

바로 느고가 요시야의 아들 엘리아김을 그의 아버지 요시야를 대신하여 왕으로 삼고 그의 이름을 고쳐 여호야김이라 하고 여호아하스는 애굽으로 잡아갔더니 그가 거기서 죽으니라 (왕하23 : 34), (대상3 : 15), (왕하24 : 2,3), (왕하24 : 15)

2 **마지막 왕인 시드기야 왕 때 남유다는 어떻게 망하게 되었나요?**

바벨론 왕 느부갓네살의 열아홉째 해 오월 칠일에 바벨론 왕의 신복 시위대장 느부사라단이 예루살렘에 이르러 여호와의 성전과 왕궁을 불사르고 예루살렘의 모든 집을 귀인의 집까지 불살랐으며 (왕하25 : 8,9), (왕하25 : 1), (왕하25 : 7)

신바빌론의 옛길. 이스라엘 유민들이 잡혀간 길

Q 예레미야는 어떤 선지자였는가?

1 남유다가 망해가는 상황에서 하나님께서는 예레미야를 통해 어떤 말씀을 백성들에게 전하셨나요?

아나돗

시드기야가 왕위에 오를 때에 나이가 이십일 세라 예루살렘에서 십일 년 동안 다스리며 그의 하나님 여호와 보시기에 악을 행하고 선지자 예레미야가 여호와의 말씀으로 일러도 그 앞에서 겸손하지 아니하였으며 (대하36 : 11,12), (렘1 : 1~3)

2 남유다는 왜 재앙을 당할 수밖에 없었나요? 예레미야는 극심한 핍박 가운데에서도 왜 하나님의 말씀을 전할 수밖에 없었나요?

여호와께서 이 백성에 대하여 이와 같이 말씀하시되 그들이 어그러진 길을 사랑하여 그들의 발을 멈추지 아니하므로 여호와께서 그들을 받지 아니하고 이제 그들의 죄를 기억하시고 그 죄를 벌하시리라 하시고 (렘14 : 10), (렘14 : 11,12), (렘20 : 9)

3 하나님께서는 망해가는 상황에서 예레미야에게 왜 아나돗의 밭을 사도록 하셨나요? 예레미야는 어떤 선지자였나요?

신바벨론 제국의 수도 바빌로니아

예레미야가 이르되 여호와의 말씀이 내게 임하였느니라 이르시기를 보라 네 숙부 살룸의 아들 하나멜이 네게 와서 말하기를 너는 아나돗에 있는 내 밭을 사라 이 기업을 무를 권리가 네게 있느니라 하리라 하시더니 (렘32 : 6,7), (렘12 : 7), (렘32 : 38~41)

북이스라엘과 남유다 왕들의 연대기

남유다 연대기

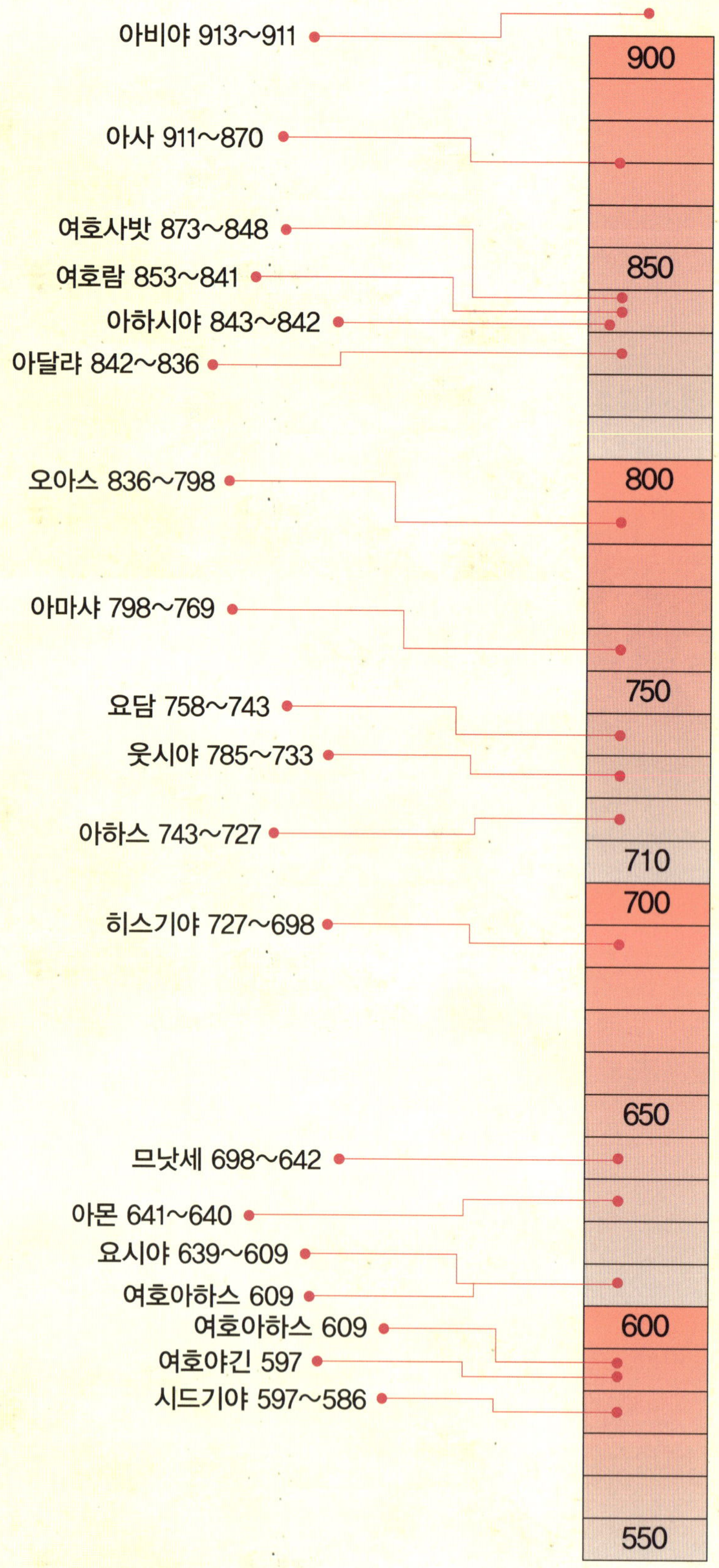

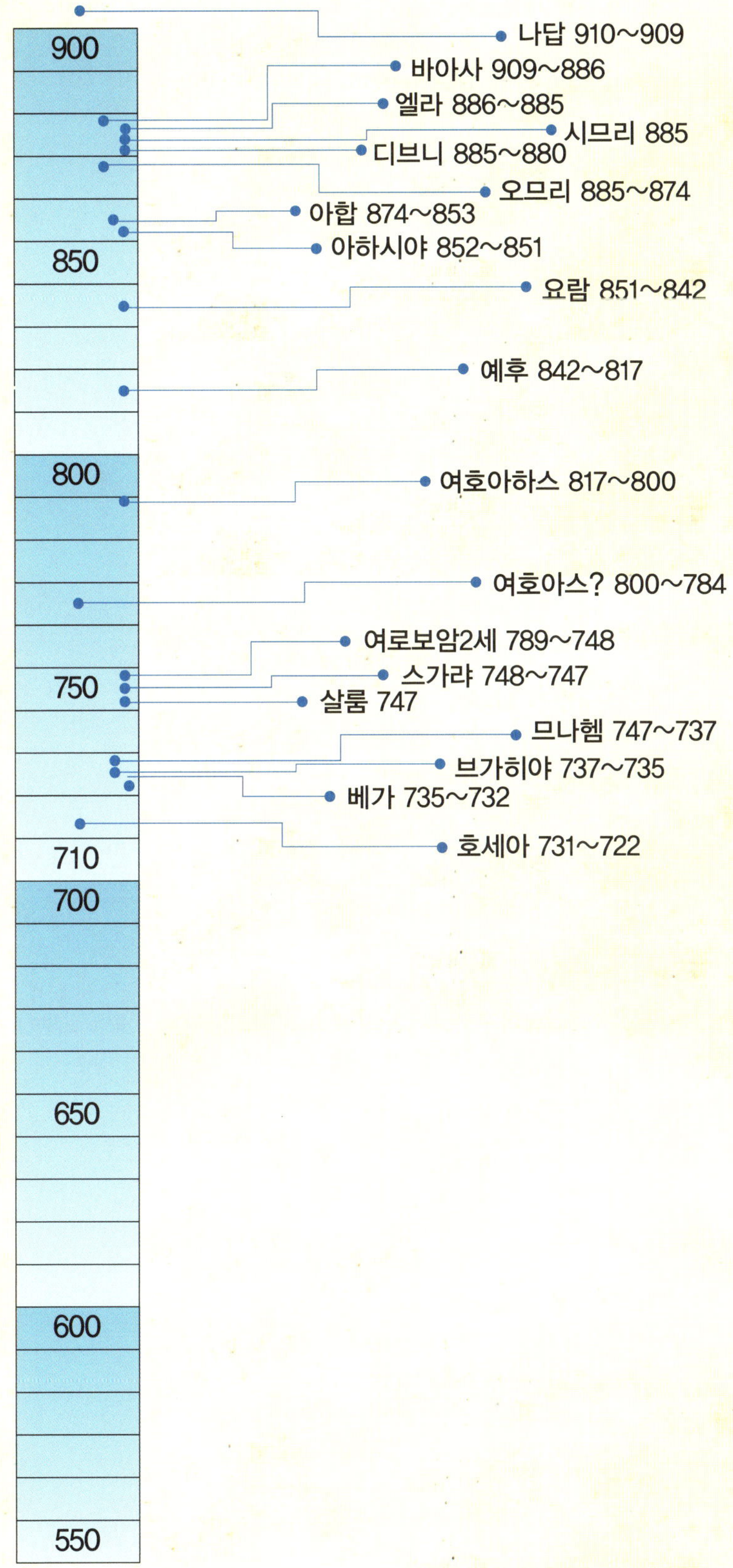
900
850
800
750
710
700
650
600
550
나답 910~909
바아사 909~886
엘라 886~885
시므리 885
디브니 885~880
오므리 885~874
아합 874~853
아하시야 852~851
요람 851~842
예후 842~817
여호아하스 817~800
여호아스? 800~784
여로보암2세 789~748
스가랴 748~747
살룸 747
므나헴 747~737
브가히야 737~735
베가 735~732
호세아 731~722

역대상·하와 에스라와 느헤미야는 연결된 역사서입니다.
역대상하는 아담부터 고레스 칙령까지에 대한 말씀이고,
에스라는 고레스 칙령부터 성전재건과 영적 각성에 대한 말씀이며,
느헤미야는 성벽재건과 개혁운동에 대한 말씀입니다.
포로귀환부터 성전재건과 성벽재건과 개혁운동과 구약의 마지막 말씀에 대해서 공부합니다.

역대상·하, 에스라, 느헤미야

Q 남유다가 멸망한 후 하나님의 말씀을 선포한 선지자는?

1 **이스라엘 왕들의 역사를 쓴 열왕기서와 역대기서는 각각 어떤 특징을 가지고 있나요?**

(왕상1 : 30), (대상1 : 1)

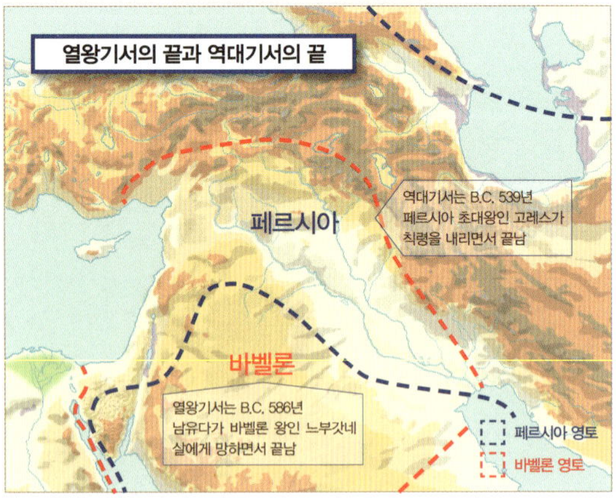

2 **열왕기서와 역대기서는 공통적으로 이스라엘 왕들에 대해서 어떻게 평가하고 있나요?**

아하스가 왕위에 오를 때에 나이가 이십 세라 예루살렘에서 십육 년 동안 다스렸으나 그의 조상 다윗과 같지 아니하여 여호와 보시기에 정직하게 행하지 아니하고 (대하28 : 1), (왕하15 : 17,18)

3 **하나님께서는 남유다가 망해가는 과정 가운데 바벨론에서 활동했던 다니엘 선지자에게 어떤 말씀을 선포하게 하셨나요?**

이 여러 왕들의 시대에 하늘의 하나님이 한 나라를 세우시리니 이것은 영원히 망하지도 아니할 것이요 그 국권이 다른 백성에게로 돌아가지도 아니할 것이요 도리어 이 모든 나라를 쳐서 멸망시키고 영원히 설 것이라 (다2 : 44), (다1 : 1), (다2 : 35)

수산에 있는 다니엘의 무덤

4 **하나님께서는 에스겔 선지자를 통해 백성들에게 어떤 소망의 말씀을 전하셨나요? 남유다가 망한 후 다니엘과 에스겔 선지자에게 어떤 말씀을 선포하게 하셨나요?**

하나님의 이상 중에 나를 데리고 이스라엘 땅에 이르러 나를 매우 높은 산 위에 내려놓으시는데 거기에서 남으로 향하여 성읍 형상 같은 것이 있더라 (겔40 : 2), (겔1 : 1,2), (겔47 : 23)

Q 스룹바벨과 예수아는 무엇을 하기 위해 예루살렘으로 귀환했는가?

1 역대기 끝과 에스라 시작이 무슨 사건으로 연결되어 있나요?

페르시아 제국 고레스(키루스) 대왕의 무덤

바사 왕 고레스 원년에 여호와께서 예레미야의 입을 통하여 하신 말씀을 이루게 하시려고 바사 왕 고레스의 마음을 감동시키시매 그가 온 나라에 공포도 하고 조서도 내려 이르되 (스1 : 1), (대하36 : 19), (대하36 : 21,22)

2 스룹바벨과 예수아를 중심으로 한 제1차 포로귀환을 통해 왜 많은 사람들이 예루살렘으로 귀환하였나요?

예루살렘에 있는 하나님의 성전에 이른 지 이 년 둘째 달에 스알디엘의 아들 스룹바벨과 요사닥의 아들 예수아와 다른 형제 제사장들과 레위 사람들과 무릇 사로잡혔다가 예루살렘에 돌아온 자들이 공사를 시작하고 이십 세 이상의 레위 사람들을 세워 여호와의 성전 공사를 감독하게 하매 (스3 : 8), (스1 : 3), (스2 : 2)

3 에스라 6장에 등장하는 학개 선지자와 스가랴 선지자는 어떤 역할을 하였나요?

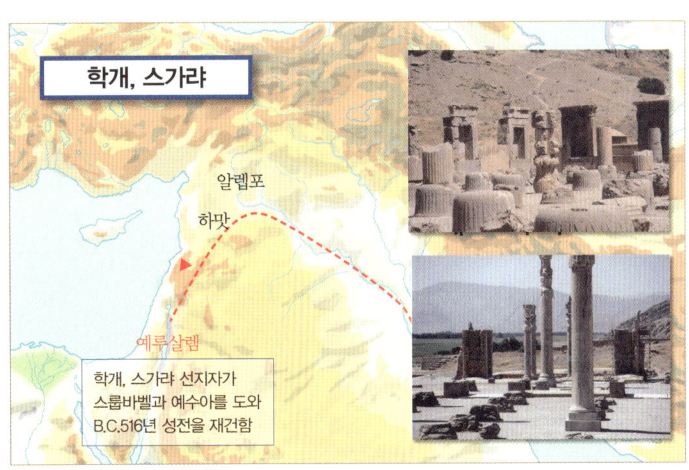

유다 사람의 장로들이 선지자 학개와 잇도의 손자 스가랴의 권면을 따랐으므로 성전 건축하는 일이 형통한지라 이스라엘 하나님의 명령과 바사 왕 고레스와 다리오와 아닥사스다의 조서를 따라 성전을 건축하며 일을 끝내되 (스6 : 14), (슥1 : 1), (학1 : 1), (학1 : 4), (학1 : 8,9), (학2 : 15)

Q 에스라가 예루살렘에 귀환해서 한 일은 무엇인가?

1 예루살렘 성전을 재건한 후 귀환한 사람들은 어떤 삶을 살았나요? 에스라는 어떤 사역을 위해 제 2차 예루살렘 귀환을 하였나요?

수산 궁터

수산궁 정원의 폐허

에스라가 여호와의 율법을 연구하여 준행하며 율례와 규례를 이스라엘에게 가르치기로 결심하였었더라 (스7 : 10), (스7 : 1), (스7 : 6)

2 에스라는 구약의 어떤 말씀으로 백성들을 각성시켰나요? 에스라의 영적 각성을 통해 백성들은 어떻게 회복되었나요?

전에 주께서 주의 종 선지자들에게 명령하여 이르시되 너희가 가서 얻으려 하는 땅은 더러운 땅이니 이는 이방 백성들이 더럽고 가증한 일을 행하여 이 끝에서 저 끝까지 그 더러움으로 채웠음이라 (스9 : 11)

곧 내 주의 교훈을 따르며 우리 하나님의 명령을 떨며 준행하는 자의 가르침을 따라 이 모든 아내와 그들의 소생을 다 내보내기로 우리 하나님과 언약을 세우고 율법대로 행할 것이라 (스10 : 3), (스9 : 9,10), (스9 : 12)

Q 느헤미야가 예루살렘에 귀환해서 한 일은 무엇인가?

1 느헤미야는 어떤 사역을 하기 위해 제3차 예루살렘 귀환을 하였나요? 느헤미야에게 어떤 어려움이 있었나요?

성벽 역사가 오십이 일 만인 엘룰월 이십오일에 끝나매 우리의 모든 대적과 주위에 있는 이방 족속들이 이를 듣고 다 두려워하여 크게 낙담하였으니 그들이 우리 하나님께서 이 역사를 이루신 것을 앎이니라 (느6 : 15,16), (느1 : 1,2)

총독 느헤미야의 귀환 길

2 에스라와 느헤미야는 어떤 사역을 함께 하였나요?

하나님의 율법책을 낭독하고 그 뜻을 해석하여 백성에게 그 낭독하는 것을 다 깨닫게 하니 백성이 율법의 말씀을 듣고 다 우는지라 총독 느헤미야와 제사장 겸 학사 에스라와 백성을 가르치는 레위 사람들이 모든 백성에게 이르기를 오늘은 너희 하나님 여호와의 성일이니 슬퍼하지 말며 울지 말라 하고 (느8 : 8,9), (느8 : 4~6)

Q 구약 성경은 무슨 말씀으로 끝을 맺는가?

1 **에스라, 느헤미야, 말라기는 동시대에 활동했던 분들입니다. 말라기 선지자는 귀환해서 살고 있는 백성들에게 어떤 말씀을 선포하였나요?**

여호와께서 말라기를 통하여 이스라엘에게 말씀하신 경고라 (말1:1)
너희는 내가 호렙에서 온 이스라엘을 위하여 내 종 모세에게 명령한 법 곧 율례와 법도를 기억하라 (말4:4), (말4:1~2)

2 **하나님께서 말라기 선지자를 통해 하신 세 가지 말씀은 무엇인가요? 구약의 마지막 말씀은 어디를 가리키며 끝을 맺나요?**

보라 여호와의 크고 두려운 날이 이르기 전에 내가 선지자 엘리야를 너희에게 보내리니 그가 아버지의 마음을 자녀에게로 돌이키게 하고 자녀들의 마음을 그들의 아버지에게로 돌이키게 하리라 돌이키지 아니하면 두렵건대 내가 와서 저주로 그 땅을 칠까 하노라 하시니라 (말4:4~6)

예수님 탄생자리 추정지

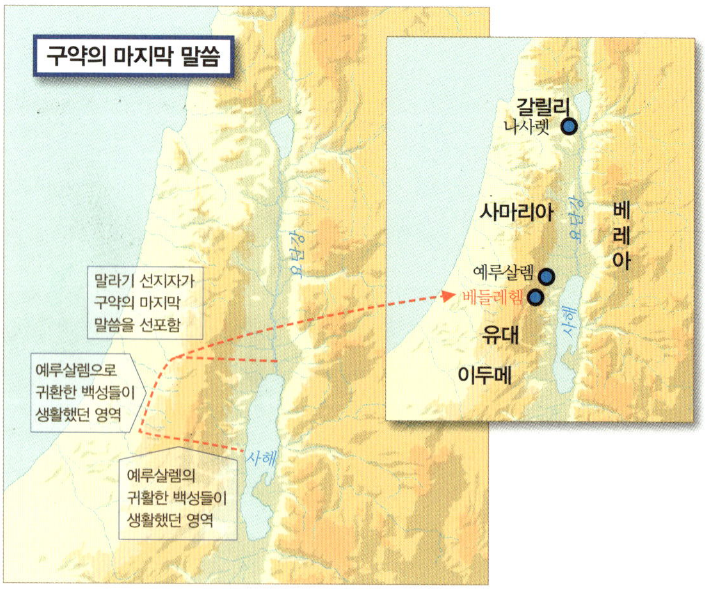